小会计
成长记②
财务经理是怎样炼成的

默默 ◎ 著

中国纺织出版社

内 容 提 要

财务部是公司的核心部门,财务掌门人则是老板的高参。管理一家企业的财务部绝非易事,从普通小会计通往财务部经理这条路更是难上加难。本书以一个27岁的小会计刘苏在半年内迅速成长为财务经理的故事为主线,从最初她"空降"到公司,一步一步慢慢摸清公司内部管理情况,针对具体问题进行相应的处理。这个"奔三"的大龄剩女最终带领人微言轻的娘子军走上阳光灿烂的职场奋斗之路,并且收获了属于自己的幸福。

《小会计成长记2:账务经理是怎样炼成的》生动写实、语言诙谐,从管理视角讲述职场故事,并通过财务分析解决企业管理中的诸多问题,实为不可多得的财务管理入门书籍。让我们跟随小会计刘苏的成长轨迹,看看一个年轻的财务经理是怎样炼成的。

图书在版编目(CIP)数据

小会计成长记.2,财务经理是怎样炼成的 / 默默著. —北京:中国纺织出版社,2015.2 (2022.6重印)
ISBN 978-7-5180-1283-1

Ⅰ.①小… Ⅱ.①默… Ⅲ.①财务会计—基本知识 Ⅳ.①F234.4

中国版本图书馆CIP数据核字(2014)第292551号

策划编辑:于磊岚　　责任印制:周平利

中国纺织出版社出版发行
地址:北京市朝阳区百子湾东里 A407 号楼　邮政编码:100124
销售电话:010—67004422　传真:010—87155801
http://www.c-textilep.com
E-mail: faxing@c-textilep.com
中国纺织出版社天猫旗舰店
官方微博 http://weibo.com/2119887771
三河市延风印装有限公司印刷　各地新华书店经销
2015 年 2 月第 1 版　2022年6月第2次印刷
开本:710×1000　1/16　印张:15.5
字数:182 千字　定价:49.80元

凡购本书,如有缺页、倒页、脱页,由本社图书营销中心调换

致青春

诺贝尔文学奖获得者莫言觉得，每一部电影、小说，都像一个人一样，有它自己的命运。

十几年前，我和一群来自天南海北的小伙伴们一同考入江南的大学，波澜不惊地度过了美好的大学时光。由此和一帮闪闪发光的少男少女结下一段足以温暖我整个人生的不解之缘。

年轻时，总是无所畏惧，得与失，胜与败，好像与我们毫无关系。

第一次参加南财校园广播台招聘，扎俩小辫儿、套了件球衣就去了。我想，我这辈子都不会忘记他们：小身材大能量的小宇宙、弹着吉他唱歌迷倒众生的广播台台长、长着小虎牙的可爱女生花花、高大阳光的型男搭档明辉、"柔情似水"的女汉子小妍、古灵精怪的动感女孩文琪、嗓音性感独特的女主播小弋、阳光善良的北方大男孩小罗……现在，我们各奔前程，美国、英国、瑞典……在时光机器里各自谱写着属于自己的青春故事。

第一次参加高专人文科学系举办的模拟法庭和英语演讲比赛，深吸一口气就去了，我想，此生也不会忘记给我打气加油的挚友们：女王范儿十足的敖大人、有"小林志玲"美誉的宁、相机不离手的文青毛毛、成熟稳重的大哥叶子、机灵的猴子、和我们打成一片的辅导员蒋老师、外表霸气十足内心细腻的迪、认真专注冷幽默的小鹰同学……现在，我们成为了自己想成为的人，在各自的领域扮演着你、我、她。

第一次离开家，和五个女生挤在一间小屋里，我想，这辈子我可能不会再有这么热闹的家人：热心肠的潘潘、学霸梅梅、呆萌丸子、白富美绿叶、追星族芳芳。哦，对了，不能忘记经常来串门的荣誉室友——豪爽仗义的北方姑娘大金元。

学校后门口那个卖煎饼的大婶还在吗？卖玉米烙和盖浇饭的小馆子是不是热闹依然？广播台正在播张国荣还是 Lady Gaga？

青春是张有期限的支票，你曾答应自己的事情，现在都做到了吗？梦想、勇气、承诺都在，路，一直都在。

再次感谢中国纺织出版社的编辑朋友们给予的大力支持，以及在我的青春里出现过的伙伴们、一起共事过的职场战友们、给我温暖留言的读者们，请原谅我无法一一记下你们的名字，但我会用文字的方式好好地留存这段青春往事。

自从《小会计成长记：像喝咖啡一样轻松学财会》问世后，编辑于磊岚以闪电般的速度向我约了稿，准备打造再创奇迹的续篇。要求看似很简单：1/3 的故事（爱情＆工作＆生活）＋1/3 的管理知识＋1/3 的会计知识。可我花了将近一年的时间才完成，让大家等了那么久，捂脸、鞠躬，表示愧疚与歉意。《小会计成长记 2：财务经理是怎样炼成的》融合读者 Dreamer 的粉丝代表意见（希望默默多写一写职场晋升技能、考证建议、职业选择与规划和情感故事）以及我在从业期间遇到的职业瓶颈与解决方案，这些都会在作品中一一体现。

当你想放弃的时候，想一想，当初为什么选择了它？当你觉得疲惫时，放下思想包袱，停下来歇一歇，也许就有了继续前行的动力。我们需要像年轻时的自己那样，不在乎输赢，不再做一只温水青蛙。愿亲爱的读者读完本书能够享受工作带来的愉悦，缓解看似巨大实则弱不禁风的职场压力，做一个快乐的自由斗士！

如果上进好学的你们有任何疑问或者心事，可以给默默留言，新浪微博：闻香蘑菇，微信号：wenxiangmogu。近期发起有奖书评、文化沙龙、头脑风暴、蘑菇食堂、书影会、音悦会、初行者、读人志等活动，特邀文艺乱党加盟，有兴趣合伙打劫梦想的请关注默默。我很乐意做一个快乐的倾听者和分享者。

最后还要特别感谢我的一位好朋友，也是《小会计成长记2：财务经理是怎样炼成的》主人公的原型——外企总经理李永兰女士，感谢她为我们分享她当财务经理时那些有趣的故事。默默蓬头垢面码字的同时，这位奇女子正在埃及金字塔旁带着两个伙计骑着骆驼游荡呢！这就是人生呐！

默默

2014 年中秋

人物简介

【刘苏】

角色：百特国际财务经理。

性格：性情温和、坚韧、善良，典型的选择困难症患者。

备注：非主流会计，身在江湖险恶的职场，通过自身努力和贵人相助多次化险为夷。后因工作刻苦，任劳任怨，干得多说得少，被破格提升为古德分公司财务经理，成为优秀的女性管理者。

最爱的咖啡：拿铁

【Oscar】

角色：古德集团旗下分公司百特国际总经理兼 CFO，遥控指挥百特所有事务。

性格：潇洒睿智、不怒而威的高层管理者。

备注：坚称真正的领导不在于专业水平有多高，而是会用人，一直不解中国人为什么那么爱挣钱，喜欢工作间隙云游四海。

最爱的咖啡：Espresso（意式浓缩咖啡）

【魏澜】

角色：咖啡师。

性格：幽默、阳光、善良、仗义。

备注：《小会计成长记》出现的神秘人物，延续到《小会计成长记2》，他是自由摄影师，也是设计师，还是咖啡师，你永远猜不透他究竟还有多少秘密。他会是刘苏的幸福终点站吗？不剧透，快去小说里寻找答案吧！

最爱的咖啡：越南咖啡

【马丽】

角色：原百特国际财务经理。

性格：长着一张从来不笑的扑克脸，精明干练，野心十足，霸气外露。号称"催命鬼"，带有强迫症的管理风格，遇事会把女下属推出去背黑锅。

备注：业务能力与人品成反比，爱推卸责任，有人见人厌的特质，后因经济问题锒铛入狱，从此退出百特历史的舞台。

最爱的咖啡：爱尔兰咖啡

【Kid】

角色：百特国际 HR 经理。

性格：乐观阳光的青年才俊。

备注：暗中帮助刘苏的贵人之一，一直被忽视的守护者，与刘苏一直处于"恋人未满"的状态。

最爱的咖啡：蓝山咖啡

【兔子】

角色：说话处事一针见血的麻辣女友。

性格：幽默风趣，单纯善良。

备注：和刘苏相识于微时，共患难，一起疯一起笑，多年来不离不弃，多次在刘苏迷茫时掀开保护罩往里头泼冷水使其不犯傻的姐妹淘。

最爱的咖啡：爱尔兰咖啡 & 焦糖玛奇朵

【雅妈】

角色：百特国际会计。

性格：隐忍、善良、细心。

备注：典型的和事佬，一直在辞职与留下之间徘徊，后下定决心为了照顾家庭离职。

最爱的咖啡：卡布奇诺

【阿桂】

角色：百特国际出纳。

性格：聪明机智、敢作敢为的"火星人"（急性子、暴脾气），拖延症患者。

备注：大家眼中的开心果，积极上进的好员工，爱占小便宜，后因生育问题与公司领导发生种种矛盾差点被开除，一度陷入升生两难的境地。

最爱的咖啡：摩卡星冰乐

【其他角色】

销售总监：Sam

性格：暴脾气。

备注：百特最牛 × 的人，在与刘苏的交手过程中渐渐被其专业技能和敬业精神所折服。

仓库主管：杰哥

性格：大忽悠。

备注：作为财务部唯一男性，喜欢浑水摸鱼，懒惰，不上进。

IT 美女：小凡

性格：温婉的吃货。

备注：肤白腿长的江南美女，为 ERP 项目提供技术支持。

刘苏的初恋：黎柏一

性格：沉着、睿智、敏感。

备注：曾和女主角共谱一段纯美的校园爱情。爱情之花在最美的年纪绽放，却在怒放时因诸多现实问题渐渐凋零，两人因价值观问题最终分道扬镳。

目录
Contents

拾残局，那你就会成为永远停不下来的陀螺。以背票业务为例，上级若适当放权，下属就不会把时间和精力耗费在细节汇报上。对于其他业务，管理者也应设置应急绿色通道，及时授权，为下属争取最高效的办事效率。

千万别当一辈子的老好人，这比做一辈子恶人还要糟糕，因为恶人就是专门吃老好人的。陆琪认为，隐忍、等待、反击才是职场中为人处世的三部曲。

——陆琪《潜伏在办公室》

新公司会给你一个怎样的前景？那些前景是不是你所追求的？是否能更好地体现你的价值？办离职手续"善始善终"的同时，也要着手制订符合实际情况的规划，三思而后行。天下没有完美的老板，你能保证下一个老板不是黑乌鸦吗？

关心下属，了解其真正需求的老板才是好老板。

在会计报销的日常业务中，经常发现使用假发票的情况，一旦用假发票入账，将给财务工作带来很大的隐患和风险，所以财务人员必须学会如何识别发票。

绝大多数人都会在职场生涯中犯些错误，犯了错误之后，你应该勇于承担责任，而不是责备他人、推卸责任，否则只会让你的错误更严重。

管理者更关注问题解决之后的事，而不是聚焦于问题是如何发生的与寻找解决方案。平时能抓业务，更能带队伍，才称得上是优秀的管理者。

结婚？不结婚？何时结婚？这些问题困扰着很多女性，结婚对有些职业会产生一定的影响。职场中，很多女性在晋升的路上会遭遇到家庭和事业的碰撞，而阻碍职场女性前进的壁垒还有很多。

倾听是高效管理者的必备武器。这并非是要你倾听所有员工的声音，或是倾听毫无意义的闲谈。管理者必须从员工那里获取有效信息，构建解决问题的方案，建立一种与员工合作的基调，使员工加入到共同构建解决方案的队伍中来。

对于女人来说，保持固定的体态和不变的年龄才是最大的欲求。而对于老板呢，固定成本会让他们遇上赔钱的风险，变动成本才是好成本。

会计像面镜子，但不能正确地照出公司的原貌。有时候可以让你看起来像个失控的胖子，有时候却让你看起来营养不良，不能百分百依赖会计数据来判断公司的经营状况。

时间都去哪儿了？我们应做好事先的规划、准备与预防。处理事情的次序是先考虑事情的"轻重"，再考虑事情的"缓急"。时间管理是发挥个人领导力的关键，也是传统低效管理者与高效卓越管理者的重要区别，"急"事无限变少，不再瞎"忙"。

在职业生涯发展的各个阶段，总会出现各种困扰，我们所能做的，就是提升自己的职业规划能力，对阶段问题进行预判，然后在各种平衡与抉择中，制订最适合自己的发展策略。

大多数人的生活永远在做加法，一边行走一边加重肩上的负荷，积累了很多有用的与无用的能量。当你累了、倦了，想要放下时，才发现自己早已变成温水里的青蛙，无力再动弹。不让自己背负太多东西，并且一直给自己做减法，懂得取舍与平衡，才能越飞越高。

第1杯

职场瓶颈期——我适合做会计吗

七月的某个清晨，热浪席卷全城，地面热度恨不得把人烤熟，刘苏与五花肉之间恐怕只差了一小撮黑胡椒。姑娘打着哈欠，手里抱着昨晚挑灯夜战的一摞报表，免费的烟熏造型浑然天成，连化妆的时间都省了。

早餐是手里的一杯速溶 Espresso 和两片白吐司，昨天下班在超市买的。Espresso 确实适合当 Wake-up（清醒提神）咖啡，它能让你瞬间清醒，你甚至能清晰地听见自己的身体正像变形金刚一样"咔哒咔哒"重启系统。

每天的早餐一向是黑咖啡＋白吐司，或者三明治、面包的搭配，不是因为她想瘦身，而是因为怕迟到。她总在纠结，喝粥好还是喝豆浆好，或许奶茶也不错，还有 Z 市远近闻名的锅盖面……等到定下吃什么，差不多就该吃午餐了。

刘苏什么都好，就是这一点很让人崩溃。衣橱的抽屉里总会塞满各种颜色的同款背心、袜子，因为她不知道哪种适合自己；化妆袋里只有润唇膏、护手霜和面霜，从不化妆的原因不是她生来邋遢，而是不知道该画哪种妆容；去餐厅点餐常常在前台站成雕塑，因为她真的没办法从一整面墙的菜单中选出自己想吃的那一份。

甚至连爱情，都秉着先入为主、近水楼台的原则，选择了从小青梅竹马的那个他，因为完全不用选。她的圈子里，除了暴脾气的老爸和舅舅，还有有贼心没贼胆的体育老师，就剩这么一个雄性动物了。也许以后她将会为结不结婚、生不生孩子而苦恼不已，但生男还是生女这个问题，同样不需要她大费周章地艰难抉择。

刘苏在落户Z市时为了找房子没少费心思，衡量房租和地段，考虑交通问题，花了一个月才定下一间单人房。烫着花卷头的房东是个六十多岁的怪咖老太，刘苏打第一眼就不喜欢她——每天板着脸，一副傲慢的神情，一分钱也不肯让步，好像除了她这间屋子，刘苏根本租不到房子住，只能睡大街。

一分钱能压死英雄豪杰，看了几处房子，只有怪老太的房子既干净又便宜，而且方便乘车。反正就是每天睡一宿，一咬牙一跺脚，租下！

除了刻板的房东、经常去她屋里巡视的猫、恼人的天气，最让刘苏喘不过气来的，就是那份看似光鲜的工作了。会计行当里流传着一句话"操着卖白粉的心，赚着卖白菜的钱"。

到了公司，等待刘苏的将是另一堆更有分量的报表——百特国际（刘苏任职的古德集团公司旗下子公司）CFO（财务总监）Oscar通过电话会议遥控指挥的另一个重量级任务。

想到这里，咖啡顿时失了效。刘苏的思绪开始漫游：如果将来我有个小女儿，宁愿送她去非洲当义工也坚决不让她当会计！

班车晚点，莫非司机想罢工？顾不得淑女形象了，刘苏索性把手提电脑包改成斜跨式，管它呢！这种女屌丝式的背包方法瞬间让小美妞变身女汉子。肩上包袱够重，必须省点力气。肩上这吃饭的大黑砖头似乎有千斤重，丢不得，摔不得。此时，路上汽车的鸣笛声、街边小贩的叫卖声、一旁妇人指责孩子忘带课本的责骂声形成了这个夏天令人无比焦躁的噪音交响曲。

无精打采地等候班车的空当，刘姑娘开始寻找人生最初的目标。

南京，那个火炉一般的南方城市，她把最美好的时光留在了那儿。念

会计的那些年，她还是个活在风花雪月里头的小女子，陪着学 IT 的男友黎柏一打开水、泡图书馆、吃食堂、压马路。无聊的时候参加社团做广播、办诗社，替班主任跑跑腿张罗张罗校内活动，甚至有时和室友去剧组客串跑个龙套赚一顿盒饭和一点零花钱。

说到跑龙套，那真是一段动人心魄的记忆。

一个月黑风高的夜晚，趁宿舍管理员阿姨打盹的空当，两个姑娘借着朦胧月光准备冲破警戒线。

平日低调的文艺女青年刘苏以特种兵的矫健身手跃过铁栅栏，拽着室友兔子直奔郊外的片场。

中华门下，两百个群演浩浩荡荡大集结，校门口卖山东煎饼的胖大婶居然也出现在片场。200 多斤的婀娜身姿很适合当特型演员，练摊着实可惜了。

其他群演个个衣衫褴褛，头顶肩扛大型蛇皮袋，就她们几个学生干干净净地站在一旁。一个管服装的香港人，不足一米六，瘦得跟火柴人似的，往看起来将近一米八的胖大婶身旁这么一站，那二十公分的纵向差距和强烈鲜明的横向对比，说不出有多滑稽。只见她风风火火一路小跑过来，怀里抱着一大堆戏服，火速给群演分配服装。刘苏换了件民国时期的鹅黄色复古衬衫，套上短了一大截的黑色西裤。被化妆师拽过去打了两个粗粗的小麻花辫，活脱脱一欧巴桑造型，土极了。兔子一身旗袍，贵妇扮相挺漂亮，美滋滋地冲刘苏龇牙咧嘴，一脸嫌弃："你一定得罪了服装师！"

一上午，几百号人在导演"Action"、"Cut"的指令之间随时切换，跑过来，跑过去，乐此不疲。就这样，当了回动荡时期的难民，像模像样和 TVB 当红明星共同演绎了一幕荡气回肠的"乱世佳人"。

男一号是个西装革履的香港演员，俊朗不凡，风度翩翩，头发梳得光亮，连苍蝇都站不住脚。他从那部老爷车里下车时，与离他最近的刘苏和兔子擦肩而过，回头谦逊有礼地打了个招呼，笑容迷人。兔子当时腿就软了：

高富帅，我的菜！

没等刘苏缓过神，兔子已如离弦之箭，和几个疯狂的女粉丝抱着纸笔恶扑过去。

虽然那部片子上映后没半点反响，那两百号人似乎也没有几个出现在拥挤的画面里，但那个被淅沥小雨亲吻着的夏天成为她最美好的回忆。每次路过胖大婶的摊儿，倍感亲切。

看似三点一线的乏味生活开始有了些生气。用兔子的话说，再不疯狂，咱们就老了！

南京是一座古朴与现代结合得恰到好处的一线城市。虽是六朝古都，却也紧跟时尚步伐，左手是国民时期的怀旧建筑，右手能见掏你腰包没商量的浮华商业圈。在这样一个现代化的省城念书，让一个小镇姑娘，艳羡多少儿时小伙伴。当校园里的跑车频频出没，女孩子们渐渐娇媚，女生比例占据绝大多数的校园一定存在攀比风气，内心骄傲的小女子不由得担心起未来：难道就这样守着算盘过一辈子吗？那个学 IT 的臭小子会是自己的幸福吗？

我真的适合做会计吗？也许我该是个演员、主持人、小说家、编剧，甚至可以是个流浪歌手……刘苏不止一次这样问自己。

了解你适合做什么，这是你的权利。

为什么要工作？这是个问题。就如同为什么要吃饭、为什么要谈恋爱、为什么要结婚生子一样，人应该服从自然规律，才不至于像迷途羔羊一样在漫漫人生路上兜兜转转。迷茫的时候，多问几个为什么，自然会拨开云雾见青天。

对于刚毕业的大学生来说，很多人对自己没有一个明确的目标，梦想又遥不可及。也许你会羡慕那些背着吉他卖力唱着《一无所有》的流浪歌手，至少他们独立并且自由。但你不是他们，你能忍受得了风餐露宿的艰辛，可以不拼爹不拼娘在娱乐圈和文化圈杀出一席天地，也不一定能受得住围

观人群眼中射出的悲悯抑或讥讽的利箭，除非你真的为艺术而生，是个纯粹的艺术家，不需要鲜花和掌声，只需活在自我陶醉的世界，等待百年后被人发掘然后流芳百世。现在，你必须确定自己并不是天才艺术家，至少目前还不是，需要面包的时候必须依靠自己的本领去赚钱。

文艺青年刘苏该值得庆幸的是，她有一张过硬的毕业文凭和一身万金油的好技术，至少毕业后不用睡大街，而且还能过得很体面。

为了体面地活着，她从一个文青化身外企小白领，从事着她并不那么喜欢也不太讨厌的会计工作。

定位测试：你最适合从事什么职业

你参加了世界景观惊奇之旅，其中一项活动是站在一扇特殊的窗户前面，按下某个按钮就可观赏到你从未见过的景观，你希望看到的是？

A：充满挑战的崎岖山路

B：任何和食物有关的景色

C：一片绿油油的草原风光

D：海天一线的远眺美景

E：任何和树木有关的景色

F：繁星点点的黑夜

测试结果：

A：既然上天给了你得天独厚的成功条件——智慧和执行力，那就好好地善加利用吧！适合你发展的领域是计算机、贸易、金融、出版、新科技等。

B：你无法在讲求规则、追求业绩的体制下发展，不但你会不适应，身边的人也会因为你而崩溃，所以适合你发展的领域是创意、艺术、室内设计、美容、烹饪等。

C：若要你无中生有或想一些稀奇古怪的点子，你可能会觉得生不如死，可是如果是要你完成别人交付的工作，感觉就好多了。你适合发展的领域是秘书、行政、教育、专业技术人员等。

D：活用你与生俱来的好口才和公关能力，为自己和世界创造更多的可能性。适合你的发展领域是传播、演艺、推销、公关、旅游等。

E：以你的智慧和能力，想成为金字塔顶端的人并不难。适合你发展的领域是新闻、医学、法律、政治等。

F：千万不要让别人指挥你，最好由你来告诉别人：这个会如何、那个会怎么样，所以适合你发展的领域是心理学、写作、自由职业等。

好吧，言归正传，忘记随遇而安的流浪歌手，忘记迫在眉睫的就业选择，小会计刘苏的成长之路会给你一些小小的启发。

刘苏一直是挺小资的姑娘，在白衣飘飘的年代是个十足的文艺女青年，直到毕业，她才明白，不是她选择适合的工作，而是适合的工作选择了她。所以，刘苏的答案自然是C，财务是"万金油"，和各个行业的关联并不大，是一门非常精细的专业技能。既然闯到第二关，目标自然就是得到这份看起来光鲜亮丽的外企工作。

毕业后，刘苏和很多同龄人一样，打算留在灯红酒绿的大城市摸爬滚打。即使混得潦倒，也不想回去了。在20出头的年轻人看来，留在有地铁有高楼的大城市喝稀饭都比回家找个安安稳稳的工作、找个安安稳稳的对象有出息得多，没人愿意在激情燃烧的青春岁月过着一眼看到80岁的生活。

一次招聘会上，幸运的刘苏被互相推搡的应聘者推到了对方能够第一眼看到自己的最佳位置，这是一家所有应届生削尖了脑袋想挤进去的企业。递上简历，佯装镇定地用中英文做了一番自己介绍。末了，指着招聘海报说："我想来你们公司工作，你们需要我！"

姑娘胆儿真大！

幸运的是，对方是百特公司的人事主管。傻人有傻福，毕业后就失业的"魔咒"并没有灵验，好运气的姑娘得到贵人相助，在校园招聘会上顺利秒杀这位很有亲和力的女人，后来她回忆：初见刘苏，只见一个目光灵动的小姑娘不争不抢，却被人群挤到她的视线里。她想，这就是她需要的人选。

女人端庄秀美，披肩长发，一副眼镜配上那张斯斯文文的脸，让人看了很舒服。

刘苏一点也不紧张，对于她的提问，对答如流。

"你叫什么？"女人笑盈盈地问。

"我是刘苏，B型血，处女座。"

"你想找份什么样的工作？"

"如果可以挑选，我想当小说家。哈哈！开个玩笑，我念的是会计，您这招聘简章上列了一大堆职位，我看到你们也招会计，咱们算是供应满足需求，对口！"刘苏轻松自如地回答了这个老生常谈的问题。

"呵呵，你真有趣！你能大概说说一个专业会计需要具备的素质吗？"女人的问题渐渐深入。

对于这一提问，刘苏思考了两分钟，给出一个让对方很满意的答案——帮老板管好钱、给老板理好账，朝着财务经理的目标前进。

这个穿着粉色套装、戴着金边眼镜的知性女人微微一笑，低头看了看刘苏的简历，问道："你在学校的成绩不错，你的优势是什么？你为什么认为自己可以胜任这个职位？"

身后的人像即将决堤的洪水一样随时会涌上来，压抑的紧张气氛仿佛能将空气中的水蒸气都凝固成冰。刘苏闭上眼睛，深吸一口气，花了最短的时间思考之后，跟打了鸡血似的，紧张的情绪一扫而过，漂亮的陈述一气呵成："第一，我的专业是财务管理，和贵公司的职位要求很匹配；第二，在贵公司任职需要具备流利的英语，因为管理者是外国人；第三，贵公司的企业文化核心是创新，我是个有激情的新人，相信你们会欢迎有创新精神的年轻人加入！谢谢！"

虽然言语间多了一些模式化的客套，但很显然，那位很有涵养的女士给了她赞许的眼神答复，大费周章的自我介绍加上不错的简历终于让这个鬼丫头得到复试机会。

不想当将军的士兵不是好兵。

刘苏就这样被选中，接着在集团财神爷尼基的帮助下一步步成长，成为无坚不摧的铿锵玫瑰。她后来没敢问自己是怎样被选中的，因为她目标远大？因为她貌美如花？因为她多才多艺？因为她心无旁骛？

"25岁未婚，前途无量！"这是《蜗居》中宋思明初见海藻时说的一句话，年轻的刘苏离这个无量的前途越来越近。现实生活中，职场的女人们思索如何借着对自己有好感的男人上位，获得婚姻和事业的双丰收。幸好，她的贵人是女人和老头，没什么好顾虑的。

聪明的女子从来不会问这类问题，也许原因比想象中更简单，也许压根就没有原因，工作即是一场联姻，看对了眼，有了眼缘，入行就没那么多门槛了。

溜，晚点的班车一个急刹车，停在她面前，打断了她无边的回忆。司机宋师傅捋了捋额前的那簇头发，扶了扶墨镜，酷劲十足："上车！"

嗨，被奴役的一天就这样开始了！

每个月你是不是也有那么几天特别不想上班？不想看到办公桌上一片狼藉？不想见到咆哮催命的老板？不想听到供应商打来的催账电话？不想思考下班后吃什么？不想考虑下一次相亲是否再遇奇葩？不想、不想、不想……就是什么都不想。

知道国民经济为什么那么不景气吗？看看那些下班 K 歌声嘶力竭、一到上班就无精打采的人就知道了……

一起床就想赖床的战友们呐，你们是不是一想到要上班，心情就像去上坟一样凄苦？是不是厌倦了教条式的朝九晚五？是不是每天都在压力重重的工作氛围下疲于奔命？

没错，刚刚工作时，我们豪情万丈、精力充沛；工作没几年，我们也许就会因为各种因素在职场迷失了自己。

必须学会调整负面情绪，为职场瓶颈期打剂强心针吧，陪着刘苏一起学学下面这几招！

1. 为自己树立近期可实现的小目标

对上班感到厌烦是因为没有目标。日复一日的工作，重复着同样的工序、步骤，甚至就连对话都如出一辙。初入职场，紧张而新鲜的学习期过后，很多员工都会对工作产生疲倦感。当你迷失的时候，必须给自己树立一些阶段性小目标，并且是近期可实现的。比如，你可以每周抽一天提前十分钟到达办公室，把办公桌收拾一下，将物品归类的同时，想想自己这周工作中的表现有哪些不足的地方，以及近期的目标是什么。有了目标，你就能保持对工作的热情，充满动力，每当完成这些并不太难的目标后你都会获得让自己开心的成就感。其实，很多时候你停下脚步不是因为累，而是因为你迷失了。不要成为一艘没有航向的船，那样会让你在大海里危险地飘摇。

2. 好好学习，天天向上

有了目标，自然就要付诸行动。工作上保持积极主动的态度，能让你获得更多的成就感，也能让你成为办公室里不可或缺的一分子，从而拥有归属感。要学会主动去观察你的上级和老板在想什么，你需要做什么才能达到他们的要求，而不是被动地听从指挥。一旦缺乏学习的主动性，你会永远觉得自己就是个被奴役的苦命丫鬟。经常为自己制订工作计划并认真执行，那么枯燥的办公室将变成你施展才能的舞台。只要你是真金，哪怕

在荒芜的撒哈拉，也照样能散发出万丈光芒。

3. 和队友积极沟通

别总抱怨"神一样的对手"和"猪一样的队友"。没有人是万能的，不要集体吐槽老板有多么苛刻、愚蠢和抠门。否则你的工作环境就会被可怕的怨气包围着，充满各种让你不想上班的毒气。驱散那些消极的浊气，提升包括你在内的周围人的士气。这样就可以增进你们之间的感情。我们需要做的是学会与同事保持沟通，一同克服工作上的难关。闲暇时，尽量聊些积极向上的话题，或者同事开一些无伤大雅的小玩笑，也可以叫上同事一块去咖啡间吃点小点心，喝杯咖啡，解除疲劳。渐渐地，工作成了一件快乐的事情。

4. 时刻保持危机意识

工作是需要自律性的。不要抱怨老板的要求高，又想马儿跑又不给马儿吃草。想想自己究竟花了多少时间在正事上，花了多少时间聊天、喝茶、玩淘宝。只要你不是准备靠"拼爹"或"拼娘"获取立足之地，就该保持高度危机感，当公司因为各种原因裁员时，越是被动做事的员工越容易被开除。如果习惯了做一天和尚撞一天钟，那么你就会逐渐失去工作热情。总有一天，你会丢掉手里的饭碗。

5. 良性竞争让你更爱工作

没有永远的敌人，只有永远的利益。也许职场不易交到知心好友，但不要害怕跟同事相处。同事之间在工作上的良性竞争不但可以帮助你提升自己，也可以促进公司发展。良好的工作关系是提升办公室吸引力的王道，你会时刻提醒自己：我要战胜他／她。

6. 管理好时间和自己

时间都到哪儿去了？有些人确实在不停工作，跑上跑下，但越忙越焦虑，因为他们发现老板交代的工作永远做不完。给自己减压的方法是：战胜拖延症，摆脱穷忙，管理好有限的工作时间，提高工作效率。要知道每天除了要完成例行工作之外，各种临时性的工作，如公司会议、接待客户等也会占用不少时间。如果没有良好的时间管理和规划，很容易令自己疲于应付，顾此失彼，就好像一个救火队员，哪里失火就往哪里冲，抓不住工作重点，工作成效必然大打折扣。对于这样的情况，最行之有效的办法就是每天下班前将第二天要做的事情记录下来，将工作计划表和工作分类法相结合。当出现新的临时性工作时，就将其添加到自己的工作计划表中，按照工作分类法的不同等级，优化分类处理。把最紧急、最重要的事情优先处理。每做完一件事，就在计划表中划去一项，你内心的焦虑就会慢慢消失。

一个好公司是培育人才的沃土，一个好上司则是培育人才的导师，至于你是千里马还是披着马皮的驴，拉出来溜溜就真相大白了。或许你的任务不是跑马拉松，而是磨豆子，尽管你还是愣头驴，承认自己不是千里马也没错。当然，鉴别你是马是驴的还是你的老板。

有意识地培养自己的职业目标，并使自己形成与之相适应的动机模式，这在个人成长中显得尤为重要。至少存在两种让你最有可能获得成功的动机：一种围绕着躲避失败，另一种围绕着达到成功。你想直接成功，还是躲避失败？

语言是一种工具，专业是一种技能，双管齐下才能如虎添翼。三年后，在学校英文基础就不错的刘苏经过专业技能的培训，不再是绿叶，娴熟的英文版财务报告让她逐渐成为公司管理层会议的演说人，名正言顺地成为财务总监的得力助手。

选择了适合自己的职业，不管是生旦净末丑，跑龙套也会让你激昂，渐渐了解自己，勇敢前行！

★ ★ ★ ★ ★

★第1块方糖★

就算没有天分，只要你愿意每天花一点时间，做同样一件事情，不知不觉间，你就会走得很远。

——吴淡如《时间管理幸福学》

第2杯

离开团队，你什么都不是

还没等刘苏回忆完那段"贵人相助"的神奇入行桥段和风花雪月般的校园时光，班车早已不知不觉停靠在公司气派的大门前，好似影片里快速切换镜头一般神速。

短短十来分钟的头脑风暴让刘苏立刻斗志昂扬——是的，没有什么能让她退缩！事实上，"多干活、少抱怨"在任何一个领域都是六字箴言。比起千军万马勇闯国际会展中心招聘会现场的近700万毕业生，刘苏并没有走太多弯路，一毕业就进了像古德这样颇具规模的外资生产型企业，不用当橄榄球队员撞飞三好学生，推开学生会干部，顺顺利利挤进面试官的视线范围。这一点，她算得上是绝对的幸运儿。

换了新环境，除了技能上需要锻炼，你会为新的人际关系苦恼吗？你会因为无法适应新团队而担忧吗？

记得刚进百特的第一天，看起来很有亲和力的雅妈冲刘苏笑了笑，礼貌性地递给她所需办公用品的申请单，并告诉她哪儿可以打到热水。除了好脾气的雅妈，没人搭理刘苏，其他员工对这个从总公司"调剂"过来的小丫头并未表现出应有的热情。

坐在对面的小姑娘叫阿桂，和刘苏年纪相仿，一身帅气的短外套，一条潮范儿短裙，两条大长腿，八九公分的高跟鞋，耳朵上挂了一只星星形

状的耳麦，哼哼哈嘿跟着唱，瞧也没瞧见新同事已经在对面坐了好一会儿工夫。

刘苏刚来百特不久，看似青春洋溢、天真无邪的阿桂就给了她一个下马威。

"嗨，听Oscar说你是从总部派过来的，既然我们目前是上下级的关系，跟你汇报下，硒鼓没了，请你跟经理申请一下，然后到我这里报销。"阿桂的语速奇快无比，没等刘苏应答，已连珠炮似的继续发话："经理叫马丽，你该见过了吧，不用我多介绍。打印机或者扫描仪方面出故障，你可以联系IT小凡，她也属于我们财务部。"

换做其他人，定会察觉出"潜台词"：一来我比你资历深、人头熟，二来给初来乍到但级别高自己几级的刘苏"安排"工作可以给自己立威，神经大条的刘姑娘并未听出画外音，乐呵呵地凑上去卖了个萌："你可以自己决定，这是小事！"

这么一句好脾气的回答，反倒让阿桂有些郁闷。想激怒别人的人，最想看见一张狰狞的脸，谁知对方却没有任何反应。给别人找麻烦，自己却吃了一肚子鳖。

已经嗅出火药味的雅妈抬了抬眼皮，看看她俩，沉默了半晌，欲言又止，最终还是选择了一语不发，直到做完手里的凭证，才说了句："少说两句，都是同事。下班吧，明天见！"

阿桂和刘苏年龄相仿，快人快语，风风火火，典型的出纳风格。因为这个岗位常常要对外，对办事效率要求极高，快、狠、准，绝不拖泥带水。对于她出色的工作能力，和蔼的Oscar很赞赏，甚至连看起来刻薄极了的马丽都私下赞叹这姑娘的条理性和高效能。刘苏还没有到任前，管理会计兼总监助理这个岗位如果是内部招聘，公司同事议论纷纷，这个人选一定是在阿桂和雅妈之间选择。

说到雅妈，她有着极佳的人缘，是个传统的中国女人，谦卑、随和。

工作上尽心尽力，只做好分内的事，从不多言。平日准点上班、准点下班，工作之余也甚少交际，一心只为家庭付出。事实上，管理会计还是需要一些工作野心才能胜任的。所以，当这个职位横空出世，阿桂一直以为自己升职的可能性很大，谁料半路杀出个程咬金。希望越大，失望也就越大，难怪她会对刘苏出言不逊。

好脾气的刘苏并没有十分讨厌这个刚开始不算友好的"小钢炮"。阿桂至少是直白的，并没有恶意，只是本能地对外来劲敌产生抵触心理罢了。不过，直来直往的人并不适合做管理，Oscar没有选择提升阿桂自然有他的道理。一个管理者必须学会情绪控制，哪怕面对不喜欢的人，你也必须要与其共事，学会驾驭比自己更强势的人成为刘苏的必修课。

百特坐落于鸡不生蛋鸟不拉屎的开发区，马路正在拓宽，踩着泥泞的道路迈向光明大道，还需要一些时日。于刘苏而言，坐稳这个位置也一样。

还有一个不好对付的女人正在观望，财务经理马丽。

马丽，百特的财务经理，长着一双会说话的大眼睛，长长的睫毛扑闪扑闪，不说话时很迷人。加上柳腰细腿，打扮入时，完全称得上是个万人迷。可这尊冰美人雕塑天生不爱笑，苍白的肤色和尖尖的下巴破坏了那张娇好的面容，整个人看上去刻薄极了。举个例子，你会一边享受盲人按摩，一边对旁边的人说"瞎子按得真差"吗？马丽就是这种说话句句带刺的进攻型选手，说话永远一副咄咄逼人的腔调，做事方式也叫人极为反感。

她告诉所有新人："别以为在百特会有人教你怎么做事，我可不是你妈！我没义务教你怎么吃饭穿衣！"新人一个个灰溜溜离开，谁也不愿意在这种领导手底下挥霍青春，薪酬低不算什么，学不到真本事真心对不起大学四年的学费。

有什么样的领导，就有什么样的办公氛围，谁也不敢乱说话乱开玩笑。幻想着要在这座冷宫里熬几年，刘苏不禁打了个冷战。

午休时间，相熟的姑娘们拼桌吃饭或相约外出觅食，下午茶时间姑娘们会簇成一团热议上个周末去电影院看的大片或是某个影视明星来开演唱会的消息。

偌大的办公室只剩下刘苏和这冰冷的空气，仿佛她是个隐形人。

如何度过职场冰冻期

刚进入新环境的职场人通常都会遇到职场冰冻期。新人为了给领导和同伴们留一个好印象，每天都提前来到办公室打扫卫生。刚开始，同事们会真心地表示感谢，并顺口夸赞几句：真勤快。可渐渐地，新人会发现端茶打扫、跑腿打杂似乎成了他／她的固定工作，真想大吼一声：我不干了，然后甩东西走人。新人很容易遭遇这样的处境，被置于不受重视的部门，从事打杂的工作，到头来还要被浇上一堆无端的批评、指责，帮人背黑锅，并且还得不到必要的指导和提拔。年轻人怀揣壮志雄心踏入职场，带着满腔热忱期待大干一场。初入新环境，怎样才能适应职场快节奏，并迅速找到自己的位置和成长空间呢？

这段经历对年轻人来说无疑是笔宝贵的经历，是成长必须付出的代价。哪怕在世界500强企业，高级管理人员也要从基层小事做起，皇亲国戚都一样。如何快速高效地走出职场冰冻期，为今后积累工作经验和人生阅历，是每个年轻人必须面对的问题。

1. 调整心态，放低姿态

踏上工作岗位后，要能够根据现实的环境和自身实力调整心态，不要把期望值定得过高。职场新人往往比较理想化，期望拥有一份挑战与乐趣并存且薪酬丰厚的工作，带着满腔热情，想要大干一番。当他们按照这个过高的目标接触现实环境时，期望与现实就打起架来。渐渐地，他们会产生一种失落感，丧失信心和对工作的热情。因此，职场新人应调整心态，把职场生活当成一个体验和学习的过程。

2. 变被动为主动

在职场中，别以为所有人都是傻子，你的努力不是徒劳的。也许你的上级正默默地关注着你，考验你有没有足够的耐性和修养，能否以平常心面对一切。除了熟悉业务，还应熟悉企业文化。特别是中小企业，未必会像对待培训班学员那样为你准备好一切需要学习的资料，更未必会像对待贵宾那样为你安排一个理想的工作环境。面对这样的现实，你没有资格挑剔或质疑，只有主动适应。多留意和关注财经类的新闻和信息，在具体工作中观察资深员工的工作模式及交流方式，快速进入角色。

3. 多沟通，多请教

多向有经验的资深员工"偷师"，这很必要。职场新人的最佳形象就是勤快、踏实、好学。问专业问题时最好做记录，问之前先三思，重复请教简单的常识问题会让人质疑你的智商。

4. 保持笑容

不要永远一副模样，更没人喜欢苦瓜脸。青春活力、积极健康的职场形象会让你在领导和同事面前速加印象分。学会微笑着面对一切，用温暖化解坚冰，说到底，就是要主动打破壁垒。

有时，对你表现出过度热情的并非善类，对你表现得十分冷漠的或许很单纯。对于不熟悉的人，多少要有自我保护的心理。幸好，这样煎熬的日子并没有维持多久。

不久，公司组织旅行。严格来说，并非玩乐。

拓展训练出发之前，刘苏忐忑不安。办公室无人打理，活动时万一没人愿意和她配合岂不是太丢脸了？一人一军队的感觉不太好。

Oscar递给她一杯Espresso："Sue，对于盲目的船来说，所有的风都是逆风。而真正的勇士敢于逆流而上，加油！"

"呵呵！"刘苏苦笑道，"在中国，一个伟大的学者曾说真正的勇士敢

于直面惨淡的人生，敢于正视淋漓的鲜血。我已做好准备接受被人抛到半空后自由落体的免费毁容手术。"

"失去目标的行为是盲动，是离原地越来越远的无效作为。管理角度上解释就是效能和效率问题：效能是做正确的事，效率是正确的做事。如果不能确定目标，那么就是效能出现问题，如同盲目航行的船。我希望你能找到自己的奋斗目标！"Oscar 显然完全理解了中国人的幽默，拍拍她的肩膀，祝她好运。

浓缩咖啡的碳酸味伴随着苦涩吞进姑娘的胃。只听马丽不痛不痒半开玩笑地说了句：老板从来不会为我冲咖啡！你看你有多幸运！

仁者乐山，智者乐水。江南水乡的美好风光并没有给刘苏带来太多意外的惊喜，生在江南，对于这样小家碧玉的景致早已司空见惯。杂技和佤族歌舞表演倒是有些小小的欣喜，因为没见过现场版。年轻的杂技演员身轻如燕，技艺非凡，佤族姑娘欢快地跳起竹竿舞，小伙子教会我们说 MENGMEI(你好) 和 MIUENMAI(我爱你)。一天的跋山涉水，换来一夜的酣然入睡，值！等着姑娘们的是第二天的素质拓展活动。

很早就听说了此项活动，极富挑战性。拓展训练(Outward Bound)起源于二战时期的英国。1942 年英国人劳伦斯在阿德伯威小镇成立了一所海上训练学校，让那些年轻的海员做一些具有心理挑战性质的活动和项目，以训练和提高他们的心理素质，并以 Outward Bound 作为其注册商标，寓意为"驾驭一艘孤独的小船，在暴风雨来临之际，离开平静的港湾，驶向波涛汹涌的大海，去迎接风浪的挑战"，这是拓展训练的雏形。二战结束后，Outward Bound 的训练目的也从最初的军事生存训练逐渐成为现代组织全新的培训方式。现今，拓展训练已经成为世界上最成功、最受欢迎的户外体验式学习方式之一。现代拓展以先进的培训理念及成人体验式学习特点为设计基础，以户外活动的形式，利用自然条件和人工设施，通过各种精心设计的训练项目，在应对挑战、完成任务中，模拟真实的管理情境，对学员进行心理和管理两方面的训练，以训练和提高学员的心理素质和管理技能，激发学员的意志和精神力量。看来Oscar还是明智的，员工训练有素，才能积极工作。

一开始，拓展教练教大伙儿做"木桶游戏"：围成圈，听他的指导完成规定动作，分为小学—中学—大学—研究生—博士版，难度渐渐升级。阿桂没使上力，圈就散了，大家都摔了跟头。这考验的就是力量均衡的团队意识，一个都不能少。哪个环节出了问题，这个团队就会散。被惩罚表演节目的"猛男"颇具表演天赋，做了5个俯卧撑还改了教练要求说的词儿。

做完热身的几个游戏，百特财务部的几个姑娘和公司其他部门组了个队，迎战来自古德总部同事的挑战，并给自己的团队起了个响亮的名儿——"霹雳风火狼"。

可爱的阿桂临时编了首朗朗上口的队歌：我们是来自北欧的狼，我们只做自己的王……

挑战开始了。

高空抓杠

娇小的阿桂第一个上场，如猴子一般灵敏地爬杆，很快站到了柱子最高处的圆台上，虽然因为身高原因没能抓住杆子，但是依然很成功，勇气可嘉。看似孱弱的雅妈为了给队友做出榜样，出人意料地完成了任务。挑战自我真棒！刘苏属于那种站在二楼阳台都不敢往下看的恐高症患者，胆战心惊爬上八米高的柱子，愣是晃悠了半晌不敢动弹，最后居然稀里糊涂豁出去了，纵身一跃抓住了胸前的杆，顺利完成任务！最意外的是，马丽居然也恐高，见大伙儿都过关了，白着脸一咬牙，不顾一切地闭着眼也跳了过去。教练总结很经典：高空一小步，人生一大步！

背摔

十六人组成八排互相交叉站好做好保护，一人站在 1 米多高的台上背对大伙儿，身体往后倒。幸好"霹雳风火狼"队的美女们个个身形玲珑，承载能力足够，否则后排的队友胳膊受累了！游戏结束大家围坐一圈发言讨论得出结论：这项运动考验的是自信、信任、责任、付出和感恩。

机遇与挑战

教练讲故事，讲到"水"的时候要迅速抓住身边人的大拇指（寓指机遇），同时也要把自己竖起的大拇指逃开（寓指挑战）。刘苏发现，与其抓住对方的大拇指，还不如先逃开别人的"魔爪"。考验：抓住机遇，挑战自我。

其他

滚车轮、踩木板和水果蹲的游戏最能体验团队协作精神，可惜"霹雳风火狼"运气不佳，屡战屡败，屡败屡战。团队里的老鼠屎还不止一粒：三脚狼、白眼狼和不负责任的狼，其他都是温顺懒惰的狼，比如仓库的杰哥，不用心，没责任感，导致团队一盘散沙，没有行动力和信心，怎么会有胜利的可能？任凭可怜的队长怎么领导和指挥，风火狼还是输了。玩游戏和工作其实是一样的，认真不认真看得出来。不管成败，刘苏都记住了在游戏中得到的教训：虽然马丽人缘不佳，爱耍官威，但就目前的情形来说，队长的最佳人选非马丽莫属，至少她的命令杰哥那些"老油条"们不敢不从。温顺的雅妈魄力不足，机灵的阿桂过于自我表现，恐高的马丽和刘苏互相较劲，杰哥和几个库工懒懒散散，最终的失败源于团队完全没有凝聚力，员工也缺乏应有的素质。

素质，究竟什么是素质？

素质在《辞海》里有很多定义，选择通俗解释如下：素质就是当你将所学的一切知识与书本，在忘掉之后所剩下来的那种东西。它是指个人的才智、能力和内在涵养，即才干和道德力量，又称"能力"、"资质"、"才干"等，是驱动员工产生优秀工作绩效的各种个性特征的集合，它反映的是可以通过不同方式表现出来的员工的知识、技能、个性与驱动力等。素质是判断一个人能否胜任某项工作的起点，是决定并区别绩效差异的个人特征。人的素质是以人的先天禀赋为基质，在后天环境和教育影响下形成并发展起来的内在的、相对稳定的身心组织结构及其质量水平。

应试教育存在着众多负面消极因素，所以才激发、推动了素质教育的发展。《夏令营中的较量》一文震惊全国，日本这个蕴含双重性文化的民族教育出的孩子在各方面都给了我们这个自诩泱泱大国的民族沉重的打击。

刘苏的一个朋友曾给她推荐过一本书《菊与刀》，介绍日本文化，这让她更加清晰地认识了日本人。菊是日本皇家家徽，刀是物价文化的象征，作者以"菊"和"刀"象征日本的矛盾性格。彬彬有礼的日本人内心蛮横高傲，表面冥顽不化却能积极适应激烈的革新。他们深信，特殊的修炼，可以使一个人的精神达到完美的境界。他们对强者的认可精神，对先进事物谦恭而严谨的学习态度，对荣誉与尊严的执着，对艰苦环境的忍耐和积极适应的品格都值得我们学习。

柏杨在《丑陋的中国人》一书中用犀利的言辞指出：我们的丑陋，来自于我们不知道自己丑陋！作者以"恨铁不成钢"的态度批评了中国的"脏"、"乱"、"吵"、"窝里斗"、"不能团结"等缺点。"中国人嗓门大，因为他们没有安全感，所以总觉得自己嗓门越大越有理。"过去中国人可以说是长期生长在贪污、混乱、战争、杀戮、贫穷的大环境下，因此中国人始终没有安全感，自我保护意识特别强烈，"明哲保身"的思想一直在文化的传承中被延续。

中国人不比西方人笨，西方国家的经济和国力迅猛发展多半还是吸纳了我们的文化。中国人太聪明的极致一定是太自私，凡是不自私的行为和想法都会被讥笑成傻子。团结的意义是，每个人都要把自己的权利和利益抛弃一部分。一个和尚担水吃，两个和尚抬水吃，三个和尚没水吃。中国人信仰的儒家精神是保守的，这使我们丧失了创新的动力，因而也没有了自我检讨、自我反省、自我调整的能力。

中国人真的一如新闻媒介宣扬的那么团结向上吗？不是人人能透过现象看本质的，揭露贪污重犯、奶粉事件、苏丹红事件、禽流感事件都是滞后新闻，谁都不愿烫山芋最后落入自己手里，推卸责任，掩盖事实，直到纸包不住火被揭发。应对特大地震和成功承办奥运是最值得民族骄傲与自豪的壮举，给了我们强有力的精神养料，这个 Happy ending 给予年轻姑娘们的启示必定是：我们要自强，并且要在世界舞台上展现。对于别人的文化，取其精华、去其糟粕。

一次素质拓展引发的思考。

公司如果每年都能定期组织这样的活动，对于员工来说，即是一种积极的激励制度。凡事预则立，不预则废。做好准备，独立思考，有理想，有原则，有目标，我们才能在漫漫人生路上走得更加潇洒自如，从容不迫。

回来后，马丽虽然还是那副冰雕模样，谁也不敢提她和刘苏同样恐高的事情。见惯了强势的人，对于超级马丽因为恐高而表现出紧张不安的神情，刘苏反倒觉得感激。每个人都有弱点，也同样有闪光点。

至于职场冷暴力，刘苏还是第一次体会到。而那次素质拓展则拉近了财务部几个姑娘的关系，刘苏终于暂时解除了人际关系的第一道危机。

不久，阿桂发现自己怀孕，她还兴高采烈地多玩了几个项目，幸亏那孩子命大，暂时没事。不过因胎象不稳，阿桂临时告假回家休养 2 个月，于是便有了戏剧性的一幕——刘苏"降级"——会计变出纳！

★ 第2块方糖 ★

从现代管理学角度来看，在一个团队中，如果人岗不匹配，就相当于让鲁班卖菜刀、厨子当司机，后果也许比你想象得更糟糕。团队内部看似人很多，但并非人人都与自己的岗位匹配。团队需要的是吃苦耐劳、有思想、有抱负、反应敏捷、经验丰富，并且能屈能伸、有强烈的团队合作精神的人。管理学中最为著名的"木桶定律"表明，一只木桶能盛多少水，绝不取决于最长的那块木板，而是最短的那块。团队的战斗力取决于整体实力，说到底就是团队中能力最差的人决定了整支团队的战斗力。要想避免当那块最短的木板，就必须将人岗进行最佳匹配，使每个人找到最适合自己的位置。刘苏经过几年的历练，自然不是短板。当然，个人能力再强大，缺乏团队合作意识，同样不能视作优秀员工。因为离开了团队，你什么都不是。应该庆幸，也许你并非最优秀，但在上级最需要用人的时候，你是他／她的首选。

"降级"风波——会计变出纳

短短几年时间，古德因为成功上市和高效的管理模式已经发展成为全球万人规模的公司。作为公司员工，能在古德工作，倍感荣耀。刚刚毕业不到3年，刘苏已经可以独当一面核算成本，面对这样一份既体面又能快速吸收新知识的工作机会——被前任老板尼基推荐前往古德分支、百特国际做成本会计兼CFO助理，公主心、丫鬟命的小女子唯有更加努力，积极提升自己才能跟上大部队前进的步伐，才不会被前浪们唾弃，被后浪们淘汰。

嘟嘟嘟……

刚踏进办公室，屁股还没碰上椅子，任务就来了！

"喂，您好！"刘苏礼貌性地应答来电。

"Sue，来我办公室！"

发号施令的是Oscar，百特的财神爷，爱喝酒、爱抽雪茄的爱尔兰人，在中国工作了三年。

嗒嗒嗒——酒红色的高跟鞋和光洁的地板亲密合奏出铿锵有力的节拍。

职场分秒必争，去领导办公室恨不得一溜小跑或者变出周星驰在《功夫》里那种"无敌风火轮"立刻到达目的地，连喝水和上厕所的工夫都少有，丫鬟们用生命在工作呐。

"找我？"刘苏开门见山问道。外企没那么多繁文缛节，即使是领导与员工之间，通常也会省去寒暄问候的环节，直入主题。

"坐吧！"Oscar很绅士，年纪不大，但眼神中却流露出一种不怒而威的凌厉。

百特新成立不久，还在筹建期，一人兼顾多人工作的现象不仅仅体现在刘姑娘一人身上。据说Oscar的中文仅限于日常交流，也就是小学生的汉字水平，很多政府的红头文件他完全不能通读，所以刘苏除了要做会计的活儿，还得给财神爷当翻译。

这回不会又有新任务了吧？手头上的成本核算表还没有做完，什么时候是个头啊……刘苏心里敲起拨浪鼓。

嗯，女人的直觉通常很准，不幸言中。外籍管理者永远喜欢用赞美之词来激励下属积极进取，这和国情有关。在中国，孔孟文化熏陶下的国人多少有些腼腆内秀，往往吝啬于赞美他人或是赞许自己。

赞扬有时候未必是好事，但至少听起来很顺耳，让你心里吃了蜜似的甜蜜蜜美滋滋，对于任何不太符合常理的要求无从拒绝。

刘苏心甘情愿接受了一份额外的工作——临时接替回家保胎的阿桂担任2个月出纳工作。

什么？什么？没搞错吧？会计变出纳？刘苏欣然接受？这姑娘是不是最近工作量太大导致脑供血不足，还是Oscar的赞美起了作用？

她没有变傻，这是一份看似普通却十分关键的工作。在百特，乃至任何一个公司，出纳这样一个小小的职位都需要通过董事会批准，可见这项工作的重要性。而她，作为董事们首肯的人选，自然是无上光荣。况且，多劳多得，多一份差事，多一份薪水，何乐而不为！

平时动力赶超"金霸王"的阿桂忽然向马丽请假，因体内缺黄体酮，医生建议卧床休养保胎。外企的工作好像一个个轮轴，少了一个螺丝钉，运转就会出现问题。她的工作由谁来临时顶替呢？幸运女神翻开了刘苏的工作牌。是的，没错！就是这个刚刚从总部调来的黄毛丫头。

出纳虽然是整个财务部级别最低的岗位，但十分重要。聘用一个小小的出纳必须由董事会批准，可见管钱的活儿并不是人人都能做的。

什么是出纳

一般来说，财经学院应届毕业生想要从事财务工作，第一份职位就是单位出纳。首先你得明白自己的职责是什么。所谓出纳，简单来说就是管钱的，按照相关规定和制度，办理本单位的现金收付、银行结算及相关账务，保管库存现金、有价证券、财务印章及相关票据等工作。

出纳工作是财会工作的一个重要组成部分，其职能可概括为收付、反映、监督、管理四个方面。千万不要小看了这个基层岗位，没有任何工作经验的同学们可以在小岗位上发挥大作为。不信？接着往下看！

一看到一连串的英文报表，刘苏就傻了眼。这分明就是不可能完成的任务！第一次，她不堪重负，眼泪夺眶而出。数字之间的关联，她完全看不懂！表格之间的关联，她完全不明白！甚至有些英文单词，得靠金山词霸才能明白字面含义！

在古德，这些报表由专人制作，每道工序都有各自的规则和诀窍，出纳和会计分工不同，加上百特一切财务法规从零开始，这些规章因为上司不同，要求也不尽相同。百特甚至比古德的要求更高，连小小的出纳都得懂得现金管控。学校里学的，这两年多积累的经验，统统都用不上，该怎么办？

你以为，出纳只需要管好现金进出？你认为，出纳只需要对好银行账？你觉得，出纳只需要做好现金流量表和银行余额调节表？

哈哈，你太天真了。接着往下看吧，百特的出纳可不是人人都能当的！

你会管钱吗

当老板问你：公司现在有多少钱？

如果你只是打开银行账单或者打个电话问银行余额，不假思索就回答一个数字的话，那你就蠢得可爱了。

现金是企业流动性最强的资产，被视为企业流动的血脉。广义的现金主要包括库存现金和银行活期存款，也包括即期或到期的票据，狭义现金主要指库存现金。一般来说，财务管理中的现金多为库存现金。

1. 合理安排现金收支

企业持有一定数量的现金，主要是为了协调企业的收入和支出，以大幅度减少交易所需的现金。现金主要用于购买材料、支付工资、缴纳税款、支付股息等，一般情况下，现金的收入与支出总是存在差额，所以企业在安排现金收入时，尽量做到收支同步。此外，企业必须科学合理地安排好现金收支（现金收支的安排，主要依靠现金收支的预算管理来实现，这在后面有详细阐述）。

表1　出纳现金日报表

日期：2014年7月1日　　　　　　　　　　　　　单位：元

项目		金额			备注
		本日	本月累计	本年累计	
本日收入	营业款	—	—	100,000.00	
	个人还款	—	—	500.00	
	保证金收入	—	—	—	
	取款	—	—	50,000.00	备用金
	其他收入	—	—	200.00	废纸箱收入
	本日收入合计	—	—	150,700.00	
本日支出	费用报销	—	—	20,000.00	
	个人借款	—	—	—	
	存款	—	—	60,000.00	
	退还保证金	—	—	10,000.00	
	其他支出	—	—	—	
	本日支出合计	—	—	90,000.00	
昨日现金余额					111,600.00
本日现金余额					111,600.00

2. 控制现金数量

库存现金并不是数量越多越好，因为它并不能产生收益，即使将现金存进银行，由于银行利息很低，所得的利息收入也很少，所以企业必须进行现金管理，确保在正常的经营活动中控制现金数量。

3. 增加现金获利能力

在保证正常经营、控制现金数量的情况下，充分利用暂时不用的闲置资金，让它们尽量产生效益。比如购买有价证券、期货或者大额存单等。由于短期投资的风险比较大，企业运作起来有一定的难度，因此管理者在运作闲置现金时应谨慎，注意风险管控。

4. 确定最佳现金持有量

企业要想达到低成本、高收益的合理平衡，就必须对现金数量进行合理管控，确定最佳现金持有量。

现金总成本＝现金机会成本＋现金管理成本＋现金短缺成本

管理成本是固定成本，与现金持有量无关。现金短缺成本随现金持有量的增加而下降，随现金持有量的减少而上升。现金持有量增加，机会成本会变大，总成本也会随之变化。三项成本与现金持有量之间的具体关系，如图1所示。

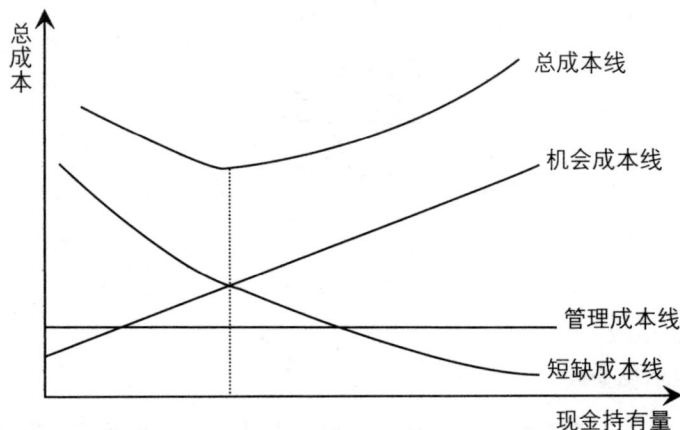

图1 现金成本的构成

现金周转率是一种以现金周转期来确定最佳现金持有量的指标。我们可以通过下面的方法确定这个至关重要的指标：

现金周转期＝存货周转期＋应收账款周转期－应付账款周转期

存货周转期是指企业将原材料加工成产品并销售出去所需要的时间。

应收账款周转期是指企业收回应收账款并变现所需要的时间。

应付账款周转期指企业从收到原材料开始到现金支出所花费的时间。

假如百特预计全年共需现金2,000万元，应收账款周转期为70天，应付账款周转期为55天，存货周转期为100天，那么百特最佳现金持有量应为70+100－55=115(天)。

$$最佳现金持有量 = \frac{年现金需求总额 \times 现金周转期}{360}$$

因此确定了现金周转期后，就可以很轻松地计算出百特最佳现金持有量为 $\frac{2,000 \times 115}{360} = 638.89$（万元）。

★ ★ ★ ★ ★

★第3块方糖★

想做未来的领导者，就必须先武装好自己。如果你是马丽那种雷厉风行的管理者，就必须依靠详细的计划来约束和支撑自己，以免跑得过快而让行动力成为脱缰的野马；如果你是刘苏那种保守谨慎的储备干部，就必须走在前端，了解公司生产、销售的基本情况，做好一定的知识储备，以提升自己的胆识和魄力，为将来管理团队打下坚实的基础。做出纳，无疑是财务人员亲临一线，需要与多部门共同协作的工作。对于还不够自信的刘苏来说，强大自己的唯一途径就是从基层做起，做好自我能力的优劣分析，了解岗位职责，梳理自己需要负责的每一项具体工作，发掘可供自己调用的一切资源。做一个思路清晰、善于制订计划、对工作认真负责的好员工，是通往管理层的必经之路。

第4杯

没有完美的老板，也没有完美的员工

还没等刘苏接手，准备放假回家安胎的"小钢炮"就发威了。

10号是发薪日，阿桂突然情绪失控，质问马丽为什么扣她工钱。当强势的阿桂遇上更强势的马丽，火星撞地球的戏码立刻上演。

表2　工资表

编制单位：百特国际　　　　　　　　　　　　　　　　　　　　　　　　　　　　2014-7-31

序号	姓名	基本工资	加班工资	伙食补贴	应付工资 A	扣事假 D	代扣保险 E	代扣公积金	税前小计 F＝C－D－E	应税所得 G＝F-3500	税率 H	速算扣除 I	代扣个税 J＝G×H－I	实发金额 L＝F-J-K
1	阿桂	2,500.00	0.00	300.00	2,800.00	50.00	282.80	300.00	2,167.20	0.00	0	0.00	0.00	2,167.20
2														
3														
4														
5														
6														
7														
8														
9														
10														
	合计	2,500.00	0.00	300.00	2,800.00	50.00	282.80	300.00	2,167.20	0.00	0	0.00	0.00	2,167.20

	单位承担	个人承担	共计
单位应缴社保	796.6	282.80	1,079.40
单位应缴公积金	300	300	600.00

百特社保分单位部分和个人部分：

养老保险：单位20%，个人8%。

医疗险：单位7%，个人2%。

失业险：单位0.2%，个人0.1%。

工伤：单位 0.4%，个人不用缴费。

生育：单位 0.85%，个人不用缴费。

面试时，马丽曾允诺阿桂，试用期 3 个月，薪酬 2500 元，转正后 3000 元。后因阿桂经常顶撞马丽，同属火星，再加上经常越俎代庖，不听指令，有时候直接与总部业务对接，完全不把马丽放在眼里。长期以来，马丽只给她试用期工资，阿桂无奈自己已婚未育的现状，也找不到其他单位接收她，只好忍气吞声继续干。孕期，也是情绪最不易控制的阶段，阿桂终于爆发了。

马丽是眼里容不下沙的人，最讨厌别人不把她放在眼里。婚姻不幸的老女人最看不惯幸福小女人，从阿桂谈恋爱到结婚，她像个变态狂，随时都会电话催命。

阿桂向 Oscar 哭诉道："任何人给她干活都会崩溃的，什么叫不听指令？她的指令叫你上天入地，可我也不会飞啊，只能按照自己的节奏和进度办事。而且她已经严重影响我和老公的正常生活。有一次接她电话差点出车祸，晚了半个小时到银行，她就扣我薪水，连当初允诺的福利也一并取消。太不公平！"

没有完美的老板，也没有完美的员工。马丽确实像个催命鬼，不断给人工操作的环节加速。雅妈曾提议在申请单上加上谁是责任人，谁发起，谁审核，并且预留弹性时间给终端，马丽并没有采纳。这导致一路奔波的阿桂为了接马丽的催命电话差点出车祸，拒接电话回来骂得更惨。

"我没见过像你这种土包子，出差非得坐头等舱，到了大城市就想着购物。你说的福利就是公积金吧？不是每个公司都必须给员工交住房公积金的。你以为闹一闹，我就会满足你？你不是被宠坏的小孩，公司缺了你也一样运转。刘苏就可以替代你，你想回来，看她的心情吧。"马丽也不示弱。她不想亲自动手，把生杀大权顺水推舟交给了初来乍到的刘苏，她

向 Oscar 提议让刘苏顶替请假的阿桂，其实就是想挤走不听话的阿桂。

马丽扣了阿桂的薪水，取消了公积金。阿桂火了，把爸爸、介绍人、老公全部带进公司和马丽谈判，严重影响了办公室氛围。

雅妈想息事宁人，劝慰道："你这是不成熟的表现。等保完胎再说吧，他们也怕新人临时掉链子，养好身体最重要。"

"哼，他们想过河拆桥？我才不会把所有事情都告诉那个刘苏，让她慢慢摸索到我生孩子吧。"阿桂迁怒刘苏，认为是她的到来，导致自己落了个这样的下场。

"你啊，身体要紧。"雅妈摇摇头，叹了口气。

员工与企业之间是什么关系？从本质上说，是买卖关系，企业付你薪水，你提供劳务！

但是请你务必记住，企业需要的是结果，而不是劳动。会计就是只有苦劳没有功劳的行当。你花十分钟做一张报表和花一个月做一张报表所得到的价值回报是一样的，公司不会因为你多花了时间而多付你薪水。刘苏要想在短时间内迅速从并不配合的阿桂手里接过任务，没那么容易！

交接的这些天，阿桂声东击西，扰乱了刘苏的思绪，东一榔头西一棒子地交代着公司的财务信息。心细的刘苏还是会出错，把美元户和待核查美元户搞混了，差点入不了账。

阿桂熟门熟路地办理银行业务，刘苏虽然在实习的时候也干过一些银行工作，可时隔三年，游戏规则变了，环境变了，还是需要一段时间来适应"临时演员"的身份。

有一天，马丽急着要求刘苏转账。阿桂谎称肚子痛，溜去厕所。结果，刘苏被马丽一顿臭骂："15 分钟就能搞定的网银转账，你怎么忙活了 30 分钟？你到底会不会做事啊？不会做事就滚蛋！连个出纳都不会做，还想当好管理会计，痴人说梦！"

刘苏原想争辩，后来想想算了，吃一堑长一智，何必和一个泼妇、一个孕妇较劲。

原来，网银设置了审核项，必须两个密钥才能放款。一个操作，两个审核，阿桂偷偷藏起了审核密钥。

如果工作只是为了完成任务，而不是追求结果，那么公司的管理层就该考虑换血了。作为员工来说，发薪日该是一个月中最为欢天喜地的一天。如果这一天你依然不快乐，就该好好考虑，是换掉工作还是改变自己。

Oscar揉了揉太阳穴，"小钢炮"的威力当真不容小觑，连财神爷都被干扰到了。

他说："很多时候，员工们尽心尽力，似乎都在工作，却没有给企业带来任何效益，导致销售业绩下降、质量堪忧、军心不定。同样，员工们也会疑惑：我这么卖力工作，为老板完成了任务，为什么他还是不满意？那你知道老板们在想什么吗？"

刘苏摇摇头。

Oscar目光炯炯："关键在于绝大多数员工没有分清什么是结果什么是任务。如果把结果作为执行导向，执着地去达到这个你认为自己根本够不到的目标，就会让你的老板眉开眼笑。养成一个追求结果的习惯，成为一个追求结果而不是完成任务的人，这个习惯会让你受益终生！"

"我能为您做些什么？"

"我需要你为我们部门制订一个方案。"

"什么？"

"既然销售有绩效，会计也可以有。阿桂的吐槽也不完全没有道理，是该重振士气了。我需要你的帮助！阿桂不是不满马丽给她降薪吗？你就在她请假前交给我一份财务部绩效考核方案。以后财务部的绩效由你来考核，这样她也会有所顾忌，心甘情愿地把手里的重要信息交托给你。"

"好的。"

以下是刘苏做的会计人员绩效考核方案：

会计人员的绩效考核可以考虑分为扣分指标、加分指标以及态度和能力指标。

1. 扣分指标（做好不加分，没做好扣分）

扣分指标包括做账错误，报税错误，会计凭证编制错误或不及时三项。

2. 加分指标

（1）每月的会计报表分析提出有价值的建议。

（2）主导有价值的利润提升方案，成本节约方案，合理节税方案，按其实现的价值大小给予适当的奖金。

3. 态度和能力指标

主要用来评估其岗位胜任力，不作为考核，只作为升降、转岗参考。

会计工作就是按会计制度及有关财务、税务政策规定做好账报好税，正确反映财务状况，当好领导的参谋。所谓绩效，实际上就是公司领导对你的信任程度。

"做得很客观，以后你就给她们打分吧！"

做完会计人员的绩效考核，Oscar 顺道和刘苏聊起财务绩效。

财务绩效 (Financial Performance)

财务绩效是管理层在经营阶段对企业战略的实施和执行是否起作用的指标。

（1）它可以帮助企业家判断战略是否推动了经营业绩，可以通过总资产报酬率、每股收益、权益报酬率、销售（利润）增长率等指标来衡量企业绩效评价指标改进的发展趋势。

（2）存货周转率、应收账款周转率和固定资产周转率等指标可以帮助管理者促进企业提高资产使用效率，增强盈利能力。

（3）资产负债率、流动比率和速动比率则可以帮助管理者衡量企业经营是否稳健，能不能抵御各种不定因素带来的经营风险和财务风险。

"财务绩效能够很全面地表达企业在成本控制的效果、资产运用管理的效果、资金来源调配的效果以及股东权益报酬率的组成。你知道一个财务经理最关心问题是什么吗？" Oscar 笑着问。

刘苏想了三十秒，答道："今天口袋里有多少钱，可以花多少钱，明天有多少钱会进口袋。"

"哈哈，后生可畏啊。理解得不错！" Oscar 的笑声很有穿透力，他凝神看着刘苏说，"不过还不算精准，一个财务管理人员会考虑这样几个问题：

钱从哪里来——财务杠杆作用；

明天会不会倒闭——速动比率；

会不会做生意——应收账款周转率、存货周转率、应付账款周转率、资金积压期间固定资产周转率、营业收入成长率；

会不会赚钱——成本率、销售费用率、管理费用率、研发费用率、财务费用率、净利率、总资产报酬率及股东权益报酬率。

掌握了这些，你就能当经理！"

刘苏在心里默默地画了个笑脸：把事情干得漂亮就行，当经理？呵呵。

听说绩效制度出台后，马丽向 Oscar 打了小报告，阿桂的工资立刻少了 50 块。原因是：早退。

绩效考核目前是刘苏在负责，她有必要搞清楚事情到底是怎么回事。

"如果领导信任你，不会随时催命般地打电话，问你在哪里，在做什么。然后演变成打电话问别人，你在哪里，你在做什么。绩效，如果你干得好，不会扣。"刘苏递过去一张纸巾。

阿桂哭着说："她就是个变态。我到现在还幻听，总以为电话铃声在响。永远让我保持通话状态，一打不通电话就劈头盖脸地破口大骂。"

刘苏知道，阿桂口中的"她"是马丽。

"换位思考，她其实和我们一样，也是打工者。她上面也有老板，不管今后她是不是咱们的领导，至少目前是。你必须尊重她，并且控制自己的情绪，否则会因小失大！你现在的处境很危险，自己注意些！"

"大不了就开除我呗！可她为什么总是给我错误指令，害我跑断腿？你知道吗？没怀孕之前，我一个女孩子大夏天的晒脱一层皮，整天在泥地里风里来雨里去地卖命。出差本来是件美差，可我得当天飞机去当天飞回来，跑断腿卖了命最后还落不到一句好，她一直在否定我的能力。你没听到她是怎么骂我的，怎么可以对下属这么粗暴？"

听着阿桂祥林嫂式的发泄，终于能理解发薪日那天她为什么会失控，因为付出和回报不成正比。青海比我们落后，薪酬却比我们高，深圳多部门多人完成一个流程，可百特只有她一个。押过票的刘苏也终于能体会她的累。

再强势的女人也有脆弱的一面，"纯爷们"、"铁娘子"、"女汉子"的标签瞬间被阿桂的眼泪揭开，她其实也是个女人。

或许很多流程是可以省略的，很多困难是可以克服的。

★ ★ ★ ★ ★

★第4块方糖★

马云说：员工的离职原因林林总总，只有两点最真实：一是钱，没给到位；二是心，受委屈了。其实，这些归根结底就一个原因：干得不爽，老子走人！

要留住人心，带好团队，得做好以下几条：

（1）授人以鱼：让员工吃饱饭。

（2）授人以渔：教会员工做事情的思路和方法。

（3）授人以欲：激发员工的上进欲望，助其树立目标，给予发展机会。

（4）授人以誉：有奖有罚，对于为团队创造价值的员工要给予肯定和赞誉。

（5）授人以娱：寓教于乐，将快乐的情绪带到工作中，让员工觉得工作很幸福。

给你五千万，你该怎么办

午休，百特女厕很热闹。

IT小凡对着镜子捋了捋刘海："没有生活热情的阿桂以前也爱泡吧，老爸是开餐厅的，她认为自己家境很不错，油菜花。听说她曾在韩资企业待过，很卖命，当过小头头。刚领证，婚礼都没来得及办就怀孕了。她啊，处处都喜欢算计，爱占小便宜。刘苏，你别那么傻，你以为每天替她买早餐，绩效考核给她满分，她就什么都教你了？"

雅妈也加入了吐槽行列："这丫头啊，其实也没有看上去那么有心机。就是说话像机关枪，绕着地球一圈讲不到重点。"

刘苏洗了把脸："不说她了，谁让孕妇最大呢。"

阿桂躲在最顶头的隔间，没出来。她没料到，自己竟然不那么讨人喜欢。

没人和阿桂一起吃面，刘苏成了新宠儿，因为她教雅玛用EXCEL，中午叫上小凡一起下楼吃面。谁也不理会阿桂，这就是女人间的战争。

再闹，不想干了就走人！傻不傻，为了一两百块的小利益丢饭碗值得吗？

马丽对阿桂确实粗暴，动不动就破口大骂，骂到阿桂一再否定自己。出勤时不停夺命电话，问进度、问细节，为什么不按照她的方式去办事，为什么中间环节出了问题要到最后再汇报，为什么这样，为什么那样。这一点，刘苏在顶出纳岗时已然领教。

阿桂后来索性耍无赖。一接到马丽的电话，就把手机远离耳朵，电话里没声音了再拿过来解释原因。马丽听了阿桂的解释才恍然大悟：哦，原来之前确实是她交代阿桂这么做的，或者阿桂已经请示过而马丽自己忘了。

女人心，海底针。只要有女人的地方，就有战争。财务部满屋尽是小女子，硝烟尤为浓重。

阿桂带着怨气回家安胎。唯一值得庆幸的是，她的薪水和职位暂时保住了。

刘苏的身份比较特殊，Oscar 同意让刘苏临时顶岗也是有原因的。一个合格的出纳其实只需要管理好现金即可，而刘苏作为会计兼 CFO 助理，任重道远。她这台人肉电脑输出的信息必须信、准、狠。

何为信？作为 CFO 助理，刘苏自然可以理解为作为财务总监乃至管理层的心腹人选，她报送的资料一定是可信的。

何为准？作为会计，刘苏具有扎实的专业功底，上头接收到的信息无疑是准确无误的，老板可不会掰着手指帮你审核确定。

何为狠？女人不狠，地位不稳。这话不仅仅应用于两性关系，职场同样适用。一个不敢说真话的财务会计永远只能当小兵。

阿桂交接好，悻悻离开，回家保胎比保住饭碗重要得多。出于提防心态，还有对绩效考核的顾忌，交代了很多非关键信息，什么都没留下。

不过，两个月的出纳顶岗训练，不仅让刘苏和其他部门的人混熟了，还让许多部门领导对其啧啧称奇：新来的 Sue 果真初生牛犊不怕虎，不仅把出纳的活儿干得利索，连管理会计的本职工作也做得有条有理。邮件发送的资料针针见血，连现金流量表、成本明细表、对账单都做得有模有样，不容小觑的一头小猛虎啊！

"刘苏，去趟 S 市，立刻！马上！"马丽敲了敲刘苏的桌子，"总公司打算给我们投一笔资金，暂时没有现金，胡搅蛮缠才出银行承兑汇票给百

特应急。一拿到票，扫描给梅行长，让他赶紧验票。至于他的邮箱地址，打电稿问阿桂，她知道。你找雅妈合作，把两边资料准备好，不要出问题！"马丽稳坐指挥台。

百特是新公司，规模不算大，但麻雀虽小五脏俱全。财务有财务的纪律，有人的地方就有阶级斗争。在职场，无论年龄几何，资历深浅，有本事就能做上级，没本事的只会怨天尤人，搞些自以为高明的小聪明诋毁别人，排除异己，以安抚天生被害症引发的委屈与心碎。

出纳可不是人人都干得了的，不是跑跑银行付付款这么简单的。

别看百特规模小，年贸易额也有好几千万，有时去业务单位领承兑汇票的重任就落到了负责钱的出纳身上，出纳实则就是一个迷你镖局的镖头，一张百万银票在手，担子有多沉。加上阿桂对刘苏心有芥蒂，担心放假回来位置不保，故意给她设个陷阱，让她走弯路。

马丽是个不喜欢给员工任何提示，遇事随时指挥的狠角色。

银行汇票的重要性，干过财务的人都懂，而马丽是个不服输的人，要求完美，风风火火，就是不够体谅员工，缺乏对下属的信任，也缺乏计划性和团队影响力，处处讲究细节是她的死穴。

面对五千万，显然比面对马丽有趣多了。

银行承兑汇票 (Bank's Acceptance Bill)

商业汇票按其承兑人的不同分为商业承兑汇票和银行承兑汇票。

银行承兑汇票是由在承兑银行开立存款账户的存款人出票，向开户银行申请并经银行审查同意承兑的，保证在指定日期无条件支付确定的金额给收款人或持票人的票据。对出票人签发的商业汇票进行承兑是银行基于对出票人资信的认可而给予的信用支持。我国的银行承兑汇票每张票面金额最高为 1,000 万元（实务中遇到过票面金额为 1 亿元的）。银行承兑汇票按票面金额向承兑申请人收取万分之五的手续费，不足 10 元的按 10 元计。承兑期限最长不超过 6 个月。承兑申请人在银行承兑汇票到期未付款的，按规定计收逾期罚息。

　　"我订了下午 5：20 飞深圳的机票，经理还有其他安排吗？"几乎是说走就走的速度，在携程订了机票，来不及回家收拾行李。

　　"没有。剩下的我来统筹，就等下午通知开票了。你有密码箱吗？一早就得到总部等票，你在那边过夜，得带个有密码锁的行李箱。"马丽提醒道。

　　"个人用的那种就可以？"会计当了很多年，押票还是大姑娘上轿头一回。

　　"可以！要小型密码箱，随身携带，可以直接上飞机那种。"马丽比划了一下。

　　"没有找到可以随身携带的密码箱会有问题吗？"

　　"没时间了，人先过去！记住，不能托运，人跟票不能分离！丢了你也不能丢了票！"马丽活像个镖局的头头。

　　"记住了！祝愿一切顺利！"刘苏心里有些忐忑。

　　"有什么情况随时联系！"

　　"对了，经理，总部那边有人押票吗？"刘苏一边收拾东西，一边问。

　　"有，这票是两人一起拿。你虽然是总部调过来的，但资金不是小数目，第一次押送还是稳妥些好。"马丽果真谨慎。难不成还怕刘苏携巨款潜逃？

　　机场大巴一个半钟头一班，时间有点吃紧，刘苏扬手拦了一辆出租车，马丽又该心疼了。和的姐砍价，从 300 块砍到 250 块，虽然多花了点钱，总比和飞机擦肩而过好。

　　开朗健谈的的姐聊了一路文化大革命，还有安全问题，笑称东北的客

人总夸南方的姐是纯爷们儿，大晚上都敢出来拉车，在他们那儿，女人晚上是不出来开工的，容易被劫财劫色。

一个小时一点儿不孤单，刘苏顺利抵达机场。

Z市是个小城市，切换了出租车、公车、地铁、飞机，外加两条腿这5种交通工具，刘苏终于历经跋涉以最快的速度抵达S市——古德总部新址所在地。

飞机本应当晚7:30落地，晚点50分钟，加上搭地铁转乘和找路耽误了些时间。

晚上10点，身着格子衬衫的男子端端正正站在地铁B出口接她。

接应刘苏的男子，叫Kid，百特即将上任的HR老大，和刘苏一样，由总部派去百特的员工，也是这次与刘苏一同押票的人。

Kid领她去当地人常去的一家粥铺，粥底和海鲜分开制作，鲜美无比。他笑称自己也在家做过，确实一粒味精也没下锅，货真价实。

"这次你怎么来得这么匆忙？这是你的行李？"Kid指了指刘苏的背包。

除了工作用的笔记本，刘苏连一件换洗的衣服也没带。难怪在地铁里，身着短袖T恤的潮男用鄙夷的目光瞄了她一眼：神经病，外星来的吧。

"马丽原本认定周四总部不一定会出票，后来又莫名其妙说出票了，命我必须提前一晚赶过来。路痴一枚，临时出发，乌龙百出。"马丽从来不会体恤下属，上次阿桂去，几乎是当天往返。刘苏这一次算走运，还能停留一晚。总部派来的空降兵，马丽还是给了点面子的。

"原来是她啊！"聊起马丽，Kid直摇头。原来，马丽臭名昭著，连集团财务老总和好几个分公司的财务经理都听闻她恶整下属、随时随地监控、遇事爱推卸责任，统统不喜欢她。一个圈子里混的，你被其他人不喜欢，就意味着即将出局。

不知不觉已聊到12点。

男子一语不发地看着她，满眼笑意。

眼前这个风度翩翩的 Kid 倒不像是坏人，好像在哪儿见过？刘苏一时想不起。

见刘苏一直盯着他看，Kid 突然笑了，揭开谜底："我是小植，你的中学同学，曾是你的护花使者之一，可惜你从不曾注意过我。"

"原来是你，十年不见，大家都变了呢。"刘苏努力在脑海中寻找关于眼前这个男人的回忆。

外企不唤中文名，刚开始 Kid 只知道他要接的人叫 Sue，百特的财务。一个巧合得知 Sue 就是刘苏时，他主动提出接机，并顺道与其一同回 Z 市就职。

他们曾是同窗三年的中学同学。他记得她穿白色毛衣的学生模样，记得她每天放学回家骑车经过的那条街，记得她家大院里怒放的紫藤花。而她，记得他每天放学在校门口徘徊着等她，记得他精心策划一次次的"偶遇"和"跟踪"，记得他因为别的男孩赞她好看而与其打架威胁对方不许动她的心思，记得他为了送她贺年卡拉着一群兄弟等到天黑。

刘苏那时候还是个不开窍的丫头，退还他的情书："我爸不许我在读大学之前谈恋爱！"

年轻的时候，往往不懂得珍惜太轻易得到的东西，刘苏宁愿追着一个不切实际的梦，也没有接受他的好意。青春荷尔蒙很奇妙，这个执着的少年到底是因为喜欢那个生性浪漫的姑娘，还是仅仅喜欢追求姑娘自我陶醉的浪漫感觉？

后来，他去了北京最好的大学，刘苏留在了南京，从此天各一方。

好感，是有的。可惜，各自有了伴侣，谁也不愿捅破那层窗户纸，生怕失去这样难得的朋友，直到毕业。

走出象牙塔后，渐渐少了联系。没料到，过了几年居然又遇到了。

"哈哈，难怪这么眼熟！对不起，你的样子变了好多，很职业，我都认不出了。总部居然会让一个 HR 总监接我这个小会计，受宠若惊啊！"

话说女大十八变，男人也一样。一晃八年，刘苏无法把眼前这个穿着西装的绅士和那个叫小植的少年联系上。中学时的他，热情、阳光。现在的他多了些沉稳内敛，是个温文尔雅的翩翩君子。都说岁月是把杀猪刀，女人最怕它。而对于男人，时光就是个魔法师，让本不起眼的毛头小伙子渐渐光芒四射，真不可思议！

他问她为什么喜欢穿格子衬衫，不太讲究穿衣打扮的刘苏很简洁地回答："因为不会错。衬衫在任何场合，非正式和正式场合都不会错。以前穿得太嘻哈，被老板骂。"她并没有告诉他，因为自己有选择性困难，为了避免每天早晨把时间浪费在穿衣打扮上，索性给自己定了个格子衬衫造型，每天换不同的格子衬衫就好。

"呵呵，没事，在这里绝对不会的，我们的同事穿着都很随意。你的行李呢？"

"就一个包。"

"以前经常出差吗？"

"不，只是旅行时出远门，会计很少有出差的机会。以前也在总部待过，过完年才被派到百特，很喜欢 Z 市的慢生活。"

"呵呵，听起来是个适合生活的好地方。"

"这次出差是带着工作压力来的，加上临时被通知要出差，太匆忙，错过了一班机场大巴，信用卡支付的机票不容易改签。一路波折，好不容易找到接应人，对我来说已经不错咯。劳您照顾。"刘苏在生活中是个糊涂虫。

"放心，有我呢！走，我送你去你的房间！看看我们人事行政部的工作做得怎么样！"Kid 笑呵呵地引路。

快捷酒店的房间一般都小而精，简单利落，透明的淋浴房，一张白而洁净的大床。

空气里突然出现了一种莫名的暧昧气味，赶紧结束这该死的氛围吧。

"天色不早了，留步。"

和Kid道了晚安。

酒店的暖气很足，加上S市的南方气候，水土不服的刘苏翻来覆去睡不着。索性踮起脚，打开电视，然后钻进被窝看凤凰卫视的新闻，一直到凌晨三点。

还是睡不着，算了，干脆把背票行程又看了一遍，这才安心睡下。

次日，刘苏比闹钟起得早，换了件利落的浅蓝色条纹衬衫和白裤子。离约定的时间还早，刘苏坐在酒店大堂等了一会儿，手里端着隔壁Seven Eleven买来的咖啡。

一个穿金戴银的欧巴桑执意要打的去临市，酒店前台望着她离去的背影，冒出一句：这可不是炫富的地儿，等着被打劫吧！

刘苏不禁心里一凉："S市的治安有这么差？光天化日也敢抢劫？以前在这儿工作怎么没发觉？"

"那当然，我们这儿最不缺的就是土豪和劫匪！"前台姑娘对着镜子描眉。

这次刘苏的新任务是押一张价值五千万的银行汇票，会有问题吗？她可不想成为第二天社会新闻的女主角。标题是：一张银票引发的血案——某公司会计被劫，暴死街头……

前台姑娘抹了蜜色透明唇膏，颧骨两侧刷了层桃色腮红，满意地照了照镜子。

十分钟后，Kid缓缓走到刘苏面前，轻轻拍拍她的肩膀，低声安慰道：没事，有谁会认为一个背着双肩包、学生模样的女孩子身上藏有几千万？

"阿桂临时请假，公司派我顶岗2个月，业务不熟，请多关照。"虽然刘苏来自总部，但外企人员流动性强，离开不久，头儿换了，内部也流失了很多老员工。加上百特目前是以贸易为主，与刘苏对接工作较多的不是财务部，反而是贸易部，这和过去从事的制造业有很大的差别。

"有我在，别担心！"Kid 真是贴心的暖男，领刘苏去了酒店隔壁的早餐店，替她点了一杯豆浆、一只白煮蛋、一份炒牛河。

两人步行去了总部，等了一上午，无果。沿途路过赫赫有名的数码一条街，那里出产刘苏用过的质量最好的诺基亚手机，摔 100 次都不会坏，想换部新手机只能偷偷藏起来，佯装手机丢失。

酒店到总部只需步行十分钟，刘苏和曾经共事过的几个同事打了招呼，顺道去贸易部熟悉了一下贸易流程。

中午，在 Kid 的引荐下，刘苏同经管部和财务部的老大一起品尝了这个城市名不虚传的猪肚鸡汤。

没等到下午上班时间，马丽的电话就来了："在哪儿？情况怎么样？"

"还在总部等！"

"等等等等，要等到什么时候？你去催！"

"我？"刘苏小声嘀咕道，"不是说你负责统筹，我只管背票吗？"

"你说什么？"信号有些不好。

"没，我是说我去总部财务那儿问问。"

"不要总让我提醒你，你要主动去催！"终于知道马丽为啥会有"催命鬼"的外号了。

"记得一取到票赶紧扫描给行长，然后请银行人员验票，接下来由雅妈负责交接。你只管把票背回来就行！就这点事，别搞砸了！"马丽连珠炮式地提醒着。

"好的！"刘苏应道。

"另外，把百特的资本金验资账户以及资料抄送一份给我，过几天，会有资本金入账。"马丽一声令下，人在旅途的刘苏一刻没闲着，找了张空位，打开笔记本电脑正常工作。

"好的！"刘苏应道。对付啰嗦且控制欲强的领导，就得简单明了，"是的"、"好的"这样的回答准没错。

　　S市的工作节奏和街头人们的行走速度一样，大家都恨不得像哪吒一样长出三头六臂来，才跟得上陀螺似的节奏。

　　背票显然不太顺利，总部财务经理秦总不愿立刻放款，刘苏有些焦躁不安地接通马丽的电话："银行汇票有可能晚上才能出，我在等票，第一时间扫描给雅妈。可能要和银行一起加班！"

　　听说上一次阿桂负责押票，银行一条流水线7个人加班到8点，结果还是徒劳。可怜的阿桂和雅妈蹲在银行大堂吃盒饭。银行只管自己人，他们的食物还是阿桂的老公特地买了外卖送来的。

　　吃饱了撑的才愿意加班！

　　刘苏突然反应过来："验票动作是否需要当天出票当天验？"

　　马丽想了一会儿，没像上次那样强迫大伙儿守株待兔："当天扫描发送银行即可，银行方面我会让雅妈协调的。总部那边，你盯好！"毕竟，引起公愤不利于人民内部团结，皮筋太紧容易断。

　　"好的！"

　　马丽好像练了什么凌空大挪移之类的秘籍，阴魂不散般，站在刘苏身后喋喋不休："刚和梅行长联系了，如果票是今晚出，明天直接拿真票回Z市验票，不需要扫描件，但是放款速度会受影响。你马上飞回来！"

　　当晚来得及回Z市的飞机只有21点多和23点多的。如果无须扫描，明天需要带真票赶到银行。

　　总部下班前，刘苏取到了那张价值五千万的银行汇票，为了不耽误当天走款，刘苏订了21点多的那个班次。顺手发了短信："雅妈，请准备好所有资料，明早8:30银行见！收到请示意我！"

　　雅妈很快回复："收到！"

　　总部和分公司之间常常存在信息误传的问题，多人分工不合理。百特那边要求刘苏连夜赶回，Kid与其一同返回，保证票据的安全。刘苏第一次押票，必须两人一起。银票装在小型密码箱里，绑在手腕上。马丽叮嘱：

"人票不分离，票在人在！把你丢了，银票都不能丢！"

丢失银行承兑汇票的对策

作为一种有价证券，银行承兑汇票流通性很强，在实务中，有些企业由于管理不善、疏忽大意等原因，造成银行承兑汇票丢失，此时，应该怎样做才能避免损失呢？根据《中华人民共和国票据法》第十五条规定，票据丧失，失票人可以及时通知票据的付款人挂失止付，但是，未记载付款人或者无法确定付款人及其代理付款人的票据除外。收到挂失止付通知的付款人，应当暂停支付。失票人应当在通知挂失止付后3日内，也可以在票据丧失后，依法向人民法院申请公示催告，或者向人民法院提起诉讼。

"完了，来不及了。"飞车赶往市区银行取票，碰上S市下班高峰，交通大堵塞。

签收完银票，距离飞机起飞不过一个钟头。

"没事，有我在。"Kid不慌不忙打了一个电话。

几分钟后，一辆宝马停在他们跟前，司机恭恭敬敬请他们上车。这吃油的大家伙加足了马力走外围，在飞机起飞30分钟前到达机场。

"糟糕，来不及换登机牌了！怎么办啊！"

Kid出示了一张银行金卡，不慌不忙领着刘苏进入机场VIP通道，成功踏上飞往Z市的飞机。

镖局的第一单生意大功告成。凌晨1点，刘苏和Kid顺利将票安全送达。

到达Z市已经午夜，叫了辆常帮公司去机场接送客户的黑车。价格虽然不低，但起码安全！

司机吴姐很健谈，听说Kid从外地来，提议次日带他去Z市香火最旺的寺庙烧香拜拜佛，去曾经繁盛一时的古码头溜达溜达。

"哈哈，谢谢你，吴姐！我想，我现在最需要的是填饱肚子的食物。能送我去吃最地道的面吗？我能吃下三大碗！一起吧！"

刘苏这才想起，他们错过了晚餐时间，Kid怕她饿着，把飞机上的蛋糕点心统统给了她，谎称自己不吃甜食。

Kid这么一说，刘苏还真觉得饿得慌。倘若现在有人为她端上一碗热气腾腾的方便面，温柔地说："亲爱的，做得这么辛苦，别干了，我养你！"刘姑娘愿意立马下嫁。可惜，家庭主妇不是刘姑娘一路狂奔冲向的目标，这只是可怜的小会计跑累的时候一丝闪念而已。

吴姐从不在夜里陪同乘客消夜，有节操有底线，礼貌性地把他们送到一家面店就离开了。这和送刘苏去机场的的姐不同，女司机不是人人都是无胆英雄，有原则也是好的，懂得拒绝说明懂得保护自己。

刘苏请Kid吃了一大碗Z市美名远扬的面条，朴实无华却美味至极。

吃完了面，他们步行。Kid疑惑："听说你住的那一带是酒吧街，乱得很，你一个人能行吗？我送你！"

"没关系，以前加班走夜路走惯了。Oscar已经让人为你订好酒店，离我家不远，陪同押票的任务已完成，明早不用特地赶过来，好好补个觉吧。"

"那你呢？"

"我会提前一些去银行做资料准备工作！"

"你做事还是那么认真，和读书时一样。"

Kid依旧像过去那样，默默地送刘苏回家。借着月光，互道晚安。

到家后，刘苏给雅妈留言："安全抵Z，明早H行见！"

洗完澡，怕记性差明天忘记提醒雅妈一些重要信息，刘苏连忙补发了最后一条信息："汇票我已核查，无误。明日行长收票后，请配合完成贴现及转账业务，集团提醒注意核实CK银行信息。对方是个小银行，必须拨打汇票上的电话催他们转账，我们才能尽快入账。信息作为备忘录，不必回，晚安！"

刘苏辗转反侧，依旧睡不踏实，回忆了下那张惊心动魄打飞的取回来的银行承兑汇票，再次确认各项内容都符合笔记上的标准，这才合了眼。五千万呐，她到了 Z 市才晓得紧张，真是个后知后觉的丫头！

签发好的银行承兑汇票必须记载的事项

（1）汇票必须标明"银行承兑汇票"字样。

（2）汇票属无条件支付的委托。

（3）必须有确定的出票金额，大小写必须一致，否则无效。若出票金额发生涂改也无效。

（4）出票人、收款人名称必须明确。在汇票承兑之前的付款人为出票人，在承兑之后的承兑银行就是付款人，是银行承兑汇票的主债务人。收款人是最初票据权利人，若名称发生更改，则银行承兑汇票无效。

（5）标明"出票日期"，不得更改。

（6）留意"出票人签章"，必须清晰、正确。

凡欠缺记载上述规定事项之一的，银行承兑汇票无效。出票人将签发好的银行承兑汇票交给收款人后，出票行为宣告完成。

铁人刘苏 48 小时内，往返 S 市和 Z 市，直到做完所有准备，已近凌晨 2 点。还有 5 个钟头，回家的感觉真好，触上枕头，眨眼的工夫已入梦！

梦中，英俊的 Kid 正端了碗热气腾腾的面，笑着看着她，越来越近，越来越近……

咦，怎么是黎柏一？

这个青梅竹马的恋人早就在她的生活中消失了，他们因为了解而各奔东西。这个人怎么还会出现在她的梦里？

等等，怎么又变了？

刘苏揉揉眼睛，睁圆了双眼，想要看清楚。可那热气就像迷雾一般，让她怎么也没办法看清那人究竟是谁。

天，居然是只见过几面的魏澜，那个曾经在她因一次公务宴席醉酒后替她讨回公道的男子。那晚，她差点被当做上夜班的"小姐"调戏。幸好，他出现了。

"我是一只小小小小鸟，想要飞呀飞，却怎么样也飞不高……"就差一秒钟，刘苏的美梦就被该死的手机闹铃硬生生惊扰了。没能尝到那面是什么味道，本想和魏澜说点什么，真遗憾。

刘苏套了件白色毛衣，跳进牛仔裤里，蹬上懒人鞋，一溜烟出门去。

讨厌的房东追出来："该交房租了，今晚不交就等着卷铺盖走人！"

该死，房租，还有房租这回事！更糟糕的是，刚发的工资全垫做S市出差的费用了！还没来得及对付房东，马丽的夺命电话又如梦魇一般响起："做好百特资本金入账资料准备、出款以及一般纳税人申请。过几天注资后，大家会忙一段时间。记住，随时汇报进度！"

刘苏在拥挤的公交车上，一手握着吊环，一手拿着电话："快到银行了，已经催促梅行长和招商主任去协调。"

招商主任叫李舒舒，约莫三十五六岁，一副瓜子脸，一双桃花眼，颇有姿色。平时爱穿粉色小皮衣，座驾是辆Smart。人在官场，未婚的大龄剩女有个一官半职，难免成为茶余饭后的谈资。有人说她在万科买了套房，还有人说她买的是别墅，更有人揣测她被哪个高官包养了。这个李舒舒倒也坦荡荡，她有个响亮的座右铭："能依靠男人的女人，才叫真本事。"

百特这个招商引资项目就是她拉来的，筹建期间发生的任何突发事件，她都有办法动用所有地方关系出手相助。百特资金不足，很多货款预付款都需要动用资本金直接付，银行手续繁杂，所以马丽才会让刘苏去找梅行长帮忙。

"嗯，继续跟进！继续汇报！"马丽就像一枚定时炸弹，嘀嘀嘀，不停倒计时，时刻提醒着。

"怎么还没动静？你在哪儿？"十分钟后，马丽又来电话。

"到银行了，为这事，梅行长已经出动！"

"进度，进度，我要知道进度！"

"对方银行已放行。"刘苏盯着银行工作人员询问进度。

贴现不是那么简单的，手续比较繁琐。S市是金融贸易之都，善做大额资金运作的银行多如地上的蚂蚁，而Z市相对落后，百特的基本户又开在一个偏远的支行，从来没遇到这么大面额的汇票，必须等省行、市行层层审批才能放行。所以，为这事支行行长也出动了，动用所有关系催流程。哪家银行见了这么大笔资金，不愿意放在自家的被窝多捂一会儿，多一天生出多少利息呀！

稍等，办业务之前，先让我们来弄清楚什么是贴现。

什么是贴现

银行承兑汇票贴现是指银行承兑汇票的贴现申请人由于资金需要，将未到期的银行承兑汇票转让于银行，银行按票面金额扣除贴现利息后，将余额付给持票人的一种融资行为。

贴现的优点

（1）风险低。只要贴现银行在票据的真实性及承兑行的资质上把住关，垫出去的资金不会收不回来。

（2）流动性强。银行承兑汇票贴现业务以真实的交易为前提，使企业将未到期的银行承兑汇票提前变现，增加了企业的可用资金。而对贴现银行来说，贴现是与商业信用结合的放款业务。

(3)交易双方共赢。对于交易中的卖方来说，对客户提供远期付款方式，可以增加销售额，提高市场竞争力；对于买方来说，远期付款相当于用较少的资本买到更多的货物，大大减少了营运资金的占用，贴现的财务费用明显比贷款融资低得多。

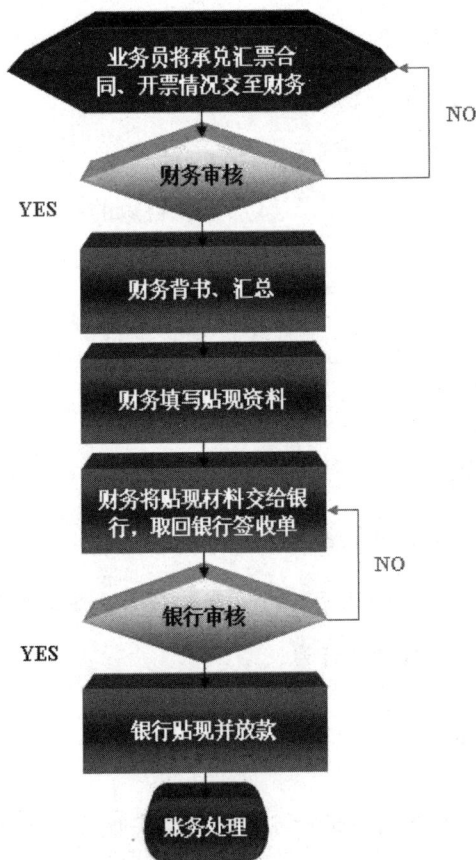

图2　银行承兑汇票贴现流程图

"市行贸易系统出故障，行长在催！"刘苏主动汇报。

"什么破银行！再临时掉链子，就换掉它！"马丽怒吼道。

"下午1:30银行上班，再跟进进度！"打仗一般，耗了一个上午，资金还是没有到账。

Kid还没正式上任，没有去公司，索性直接从酒店去了银行，找刘苏和雅妈一起吃午餐。刘苏带他去了一间咖啡馆，点了份简餐。

刚吃两口，师太剑已出鞘："必须保证下午三点前农行放款，准时汇。雅妈准备好所有转账所需的合同、发票等资料。这笔钱对百特很重要，总部出钱，我们得尽快付一笔预付货款出境，否则生产就会出问题。刘苏安排，谁跟进，谁汇款，不要有任何借口拖延，有事提前说！"原来这次背票相当于儿子问老子要钱买房子，老子和儿子之间有些生意往来，老子没那么多现金周转，只好先通过银行为啃老的儿子付房贷，应该算是债权投资，是一种非货币形式的投资行为。话糙理不糙，大概就是这个原理，刘苏终于从马丽的催促中摸清了前因后果。

没心思吃饭，刘苏喝了一口玉米浓汤，收拾好足足七八斤重的各种印章和资料，拉着雅妈返回银行。

"嗯，确定贴现息。"马丽又催。

什么是贴现息

在贴现中，企业或个人倒贴给银行的利息称为贴现息。

票据贴现利息的计算

票据贴现利息的计算分两种：

1. 不带息票据贴现

$$贴现息 = 票据到期值 \times 贴现率 \times 贴现期$$

2. 带息票据的贴现

$$贴现息 = \frac{票据到期值 \times 贴现率 \times 贴现天数}{360}$$

贴现天数，为从贴现日起至到期日的天数，算头不算尾，算尾不算头，如果是异地的话要再加 3 天，碰上休假要顺延。

$$贴现天数 = 贴现日到票据到期日实际天数 - 1$$

$$贴现利息 = 贴现金额 \times 贴现天数 \times 日贴现率$$

$$日贴现率 = 月贴现率 / 30$$

$$实际付款金额 = 票面金额 - 贴现利息$$

以百特这张 5,000 万元汇票为例，出票日期为 8 月 2 日，假如持票人于 9 月 2 日到银行贴现此汇票，贴现率为 12%。

贴现天数：8 月 2 日至 9 月 2 日共 30 天（到期日是工作日）

贴现息：$50,000,000 \times (30/360) \times 12\% = 500,000$（元）

贴现净额 $= 50,000,000 - 500,000 = 49,500,000$（元）

但是，这笔资本金要得急，相当于出票日第二天就贴现了，贴现天数改为 1。

票据到期利息：$50,000,000 \times (1/360) \times 12\% = 16,666.67$（元）

票据到期值：$50,000,000 + 16,666.67 = 50,016,666.67$（元）

贴现息：$50,016,666.67 \times (1/360) \times 12\% = 138,935.19$（元）

贴现净额 $= 50,016,666.67 - 138,935.2 = 49,877,731.48$（元）

那么，雅妈该怎么入账呢？

企业持未到期的银行承兑汇票向银行贴现，应按扣除其贴现息后的净额，借记"银行存款"科目，按贴现息部分，借记"财务费用"科目，按应收票据的面值，贷记"应收票据"科目。如为带息应收票据，按实际收到金额，借记"银行存款"科目，按应收票据的账面价值，贷记"应收票据"科目，按其差额，借记或贷记"财务费用"科目。

借：银行存款 49,877,731.48

财务费用 138,935.19

贷：应收票据 50,016,666.67

如果贴现的商业承兑汇票到期，承兑人的银行账户不足支付，银行即将已贴现的票据退回申请贴现的企业，同时从贴现企业的账户中将票据款划回。此时，贴现企业应按所付票据本息转作"应收账款"科目，贷记"银行存款"科目。如果申请贴现企业的银行存款账户余额不足，银行将作为逾期贷款处理，贴现企业应借记"应收账款"科目，贷记"短期借款"科目。

Kid 悄悄帮她们打包了没吃完的黄油面包，随后赶到。

"银行系统已解除，今天下午可进账。"被师太逼急了的姑娘们终于松了一口气。

"下午几点前进账？"

"在等，已催。"

"省行已放款。"有了进展，刘苏眉头舒展了一些。

"等进账。"电话没挂断，刘苏继续汇报着。

"赶紧！"马丽一定来自火星。

"5 分钟后市行放款。"刘苏有条不紊地跟进。

"好的，都看好！"马丽挂了电话，边督促雅妈核准转账信息，边嘟囔着，"还没收到？一般没那么久！"

"没收到。"刘苏耸耸肩。

"每次都这么扯，想顺利点都不行。"马丽有点气急败坏。

"去金山烧高香吧，放轻松！"刘苏打着哈哈，想缓和下她们之间谈话的气氛。

"求人不如求己，把自己工作做好吧！"马丽真没有一丁点幽默细胞。

"梅行长打电话去市行问了，也没见进账。"

"催！"马催催真是名不虚传。

"支行正接收，五分钟内进百特基本户，还需要银行复核。"刘苏汇报了好消息。

"还需要复核？农行谁复核？马上去催！"马丽不耐烦起来。

"资本金已入百特基本户，交易成功。"刘苏继续汇报。

"通知集团，我们已经收到款。另外让雅妈赶紧付款！付款信息确定无误？"马丽向来不信任人，时隔一天，又问了一遍，"阿桂以前搞错过一次，你和雅妈再复核一次，不许错！"

"和谁核对？"刘苏没有接触过百特供应商。

"香港那边应该发来了合同和发票，汇款时必须根据发票信息填写。"

"邮箱收到的资料很不清晰。现在联系不上雅妈，一会儿我们单独就付汇信息再次确认下，这个步骤不着急，要等验资报告出来才可汇款。"

工作就是有张有弛。想要缓解工作压力，必定要学会时间管理和自我管理，把该做的事做完，在计划表上每划掉一个任务，你就会多一分轻松。

太棒了，今天不用加班了。刘苏雀跃起来，低头看见身旁一直默默陪伴着的 Kid 和纸袋里的黄油面包，刘苏心头一暖。

Kid 像个老朋友似的给了她一个拥抱："放轻松！"

长江路上灯火阑珊，两人没说话，吃着刨冰，赏着烟花。那晚的风柔柔地亲吻着脸颊，舒服极了。对面的烟火照亮了这座滨江小城的夜。

工作时间，刘苏的陀螺生活开转。

"为了减少路上的时间，我正在联系事务所。雅妈，请把消息告知招商主任部和支行，你跟这条线，我对付外管和事务所，分头行动！李舒舒和梅行长也算完成了自己各自的任务，不用围着咱们转了。"刘苏忙着统筹，一边打着电话一边拦车。

"他们是给咱们服务的，不围着咱们转围着谁转！别松懈，继续催！"马丽在一旁听到了她们的谈话，抢过手机撂下一句。不过钱快进账了，这

对于马丽来说，总算是个好消息。

"阿桂不在，网银的操作密钥和复核密钥需要分别放置在雅妈和我这里吗？办业务会有麻烦。"按照财务法规，财务章主要用于财务结算，开具收据、发票（有发票专用章的除外）给对方、银行印鉴必须留财务专用章等等，能够代表公司承担所有财务相关的义务，享受所有财务相关的权利。一般由企业的专门财务人员管理，可以是财务主管或出纳等。财务专用章由指定的会计人员保管，法人代表章由财务经理或出纳保管，财务专用章和法人代表章任何时间均不能由同一人保管。

"灵活应变，但是如果在办公室网上汇款，必须分别放在你们俩那儿，这是安全以及流程需要。在外你自己考虑安排吧！"马丽倒不是死脑筋的人。

"好的！"虽然这个结果刘苏早就猜到，但不属于自己的权限，还是多请示为好。她又补充道："联系过银行负责外汇业务的经理，出账没问题，货权后补。"

"很好！"这次，马丽很满意，刘苏显然已掌握了汇报技巧。知道上司需要什么，你就成功了。

"信息核对了吗？"马丽还是不放心，问了一句。

"合同等所有单据资料已经和香港那边核对好，账户账号都没问题！"

"账户除了中文，英文也不能错一个字母。账号不能错一个数字！邮件发你们邮箱了，都看到了？百特贸易部还没有正式成立，汇款后向我汇报，香港 K 公司那边我来联络。就看你们的了，仔细点别出问题！"香港是著名的自由贸易港，对外贸易一向是香港的主导产业。马丽口中的 K 公司是和百特业务往来极为密切的贸易公司，该公司的经济业务是本港经济最大的一环，去年直接缔造了 300 亿港元的增加值，相当于本地生产总值的 2.2%。

"看过了，没问题。"

"嗯，刘苏和梅行长保持联系。一有问题就找他！"

刚喘口气，灭绝师太提着倚天剑又杀过来了。

"刘苏，现在所有人都问我进度，你是怎么安排的！你安排的不仅是工作，而且安排得和人联系好，这样才叫安排。光内部安排，外部人都不知道发生了什么，都在问我。你需要联系的人无非就是银行、政府，这点联系人，你得自己明确好！"

"嗯。"银行没进展，靠她联络有用吗？银行、政府，有多少道工序？光是联络就耗了好一番工夫，信息还在不断变化中。总不能你这里更新了，立刻要向全世界汇报吧。你不烦，人家都烦了。不如把已经确定好的信息告知。刘苏心里默念着，但没有回嘴，还是照着马丽的要求一一打了电话。

"行长和招商主任已跟进，只需等。雅妈已准备就绪。"其实答案还是一样，马丽需要的就是别人也得像她一样，跟着转。

"好！这样才叫安排，切忌闭门造车。"

"银行这边手续较多，必须等验资报告出来才可能转账。我刚联系会计师事务所把验资报告准备好，如果今天下午4:30前资本金入账，验资报告周一或者周二就能出，最早也要等2个工作日，资本金才能转出。"

"嗯。"马丽冷漠回应。

对于企业来说，收钱没那么简单，付款也不容易。外汇管理局出台了许多政策防止企业洗黑钱，死死卡住外汇流向。会计师事务所要出具验资报告，得由外汇管理局在内部系统上审核收汇付汇条款才能放行。

"一早就去催外管，我去外地开会，有信息立即反馈给我！"马丽的电话成了刘苏的噩梦，每天第一句话就是"催"。

"好的。"刘苏知趣地回答，忙拿起电话继续跟进消息。

"刘苏，你的手机是装饰吗？永远打不通！你究竟在忙什么？电话也不回，行长那边也没消息。"马丽依旧阴魂不散，去机场的路上还在监督刘苏。

"刚联系完行长，事务所暂时联系不上。"

"联系不上？打电话找梅行长，他推荐的事务所，他负责催！就是打的到事务所门口也不许联系不上！没半点商量的余地！"

挂了师太的电话，刘苏搬出梅行长监督事务所出具验资报告。

"联系上没有？不行就直接杀到事务所。他们不就是卖纸的吗？模板改几个字就卖一万多，你和雅妈一个负责联系事务所和银行，一个跑外管，尽你们所能把验资和转款做好！关键人物是梅行长和国际业务经理，办不了的事情就找李舒舒，她有的是门路！不要做任何无用功，明确目标，不要耽误工作，目标就是今天必须完成转款任务！我一会儿上飞机，本来我自己把控。现在重任交给你，你得把握好时间，别出任何岔子，继续催！"

原本以为马丽登机了，就不必听她唠叨。谁知，她还在念经："事务所是服务性机构，威逼利诱不是问题，但外管不是为我们服务的，只有外管出了数据，事务所才能卖纸给我们。进度快与慢，我们没有主动权。事务所我花钱，它验资，是服务单位。一切机构其实就是为公司服务。拿验资来说，也是事务所为我们服务，有什么问题不能催？即便是政府部门也一样，只不过需要一定的技巧。你可以强势，也可以示弱。但是千万不要一副事不关己的模样，催流程就是你们的工作。拖一拖，你知道公司会损失多少钱吗？只要有了外管数据，那时间都是可控范围。你催不了外管，可以让事务所去催，他们有业务关联。很多时候不是你的工作耽误，而是别人，机灵点！"

"了解。"刘苏挂了电话，手机像只刚出炉的烤山芋。

验资报告出来了，赶紧安排后面的工作。这次做完，针对外管数据出来之后，到底先去外管还是去事务所拿验资报告，刘苏打算和事务所好好谈一谈，理个顺序。马丽虽然强势了一些，银行和政府不是为百特一家公司开的，但做工作就应该掌握主动权，而不是被别人牵着走。

"雅妈，外管数据已出，今天转款到香港。"刘苏打听到了最新消息，立刻让雅妈准备好所有合同、资料和各种章，自己火速赶往银行。

"说下情况。"马丽一下飞机，就打来电话。

"验资报告已经拿到，现在正在银行提交付汇申请。"

"OK，确保自己没做错，这是最大的保证。赶紧发电文，邮件我。"

次日，从外地赶回来的马丽一进公司就暴跳如雷，拍着刘苏的桌子质问她："钱呢？钱呢？香港供应商投诉：压根没收到钱！你怎么办事的！满脑子都是屎吗？还有一般纳税人、开票的事情办得怎么样了？公司不需要一个吃闲饭的废物！"马丽上辈子一定是个女巫。

"我和雅妈分头追这事。银行业务一个人办足够，我守市行，雅妈负责联络支行的梅行长。我一拿到进账水单，直接去会计师事务所办验资报告及出账准备。有了业务之后，雅妈联系梅行长帮我们办理一般纳税人，这样后面开票就不会耽搁了。"银行内部系统的问题，纯属鞭长莫及的事情，刘苏也很无奈。对于马丽无头苍蝇般的遥控指挥，她巧妙地对流程做了一些调整。

"嗯。"刘苏的建议显然比较合理，时刻绑着百磅定时炸弹的马丽无话可说，不甘心地提了一句，"雅妈说市行下午5点半还有可能进账。你先在银行等着，死盯市行，让他们尽快转。"

"好！"看来又得加班了。

支行没有资格付外汇，只有市行才有这种业务能力。市行国际业务部的银行经理和支行梅行长寒暄了几句，也帮着电话联系，看看转账出了什么问题，为什么对方那么久还没有收到。

又等了一整天，无果。

临下班前，支行的头儿接了一通电话，有了新情况：钱已达摩根大通。

"你怎么知道？"马丽有点意外。

"市行的消息，目前美国在做尽职调查。"尽职调查是指由中介机构在企业的配合下，对企业的历史数据和文档、管理人员的背景、市场风险、

管理风险、技术风险和资金风险做全面深入的审核，多发生在企业公开发行股票上市和企业收购中。

刘苏终于解释清这次转账不顺利，并非自己的责任。马丽用微信发来一条财经新闻：

"看来是故意拉存款，我们的钱耽误了。"

无怨无悔一顿臭骂，然后轻描淡写唱了这么一出，算是变相的道歉吗？刘苏看着信息笑了笑。

在雅妈的配合下，钱是汇出去了，但香港那边仍称没收到，不予发货。

"一再要求你们注意法律文件和邮件。你看即使你们中午已经办完，别人拖延了时间，还得诬陷你们下午才到银行，所以才耽误了汇款。法律文件的重要性可想而知。幸好这次是国际银行之间的问题，不关我们的事，但是银行给了蓝单不代表他们会马上把钱转走，类似这类事情还得杜绝。"第二日去公司，马丽态度有些转变，语气柔和许多。

"嗯。"

"很多工作其实就是自己不做等着别人通知。既然做资金工作，我希望各位改掉原来的习惯，如果是我工作分配的原因，我会调整每个人的分工。还是那句话，这次事情是小事，没有分配好工作，我给你的权限就是个屁。你必须好好学会运用你的权力，而不是简单的工作分配。资金工作不是小事，每个工作节点都要汇报进度。以后雅妈小事向刘苏汇报，大事直接向我汇报。我告诉你和谁协调，你去做就行了。互相间的合作其实就是信息准确无误地传递。这次资本金转出，我没有问，你们也不知去查一查对方有没有收到。香港那边已经收到账，但是污蔑我们汇晚了，耽误了整个进度，以后记得做完一道工序邮件我，留下证据。"

真的需要这样吗？

表面上，她的理由冠冕堂皇。可堂堂财务经理把时间浪费在细节上，况且对方并没有火烧眉毛似的催，提速只是马丽自己的要求。因为她对自己要求高，所以对下属也相当严苛，从来不体谅下属。自己停不下来，别人也不能闲着。说起来是放权，但执行任务的途中，她才是最大的阻力。左一个电话，右一个电话，光是汇报进度就让人喘不过气来。雅妈好脾气，刘苏新来的，怨气只在心里，敢怒不敢言而已，难保哪一天怨气就会聚集成原子能在沉默中爆发。如果做一个相信下属并且适当放权的上司，她和她的小伙伴们会轻松许多。

★ ★ ★ ★

★第5块方糖★

如果一个领导永远工作繁忙，无暇抽出时间考虑整个部门的发展方向，仅仅把时间浪费在工作细节汇报上，怀疑下属的能力，不愿培养员工，认为下属只会推卸责任，不懂得积极工作，相信只有自己才有能力把事情做好，害怕授权给下属会捅篓子，担心自己收拾残局，处处小心提防内部"小帮派"，那么你会像马丽一样成为永远停不下来的陀螺。马丽对工作任务享有绝对的控制权，这让她有安全感，但她不明白她真正失去的是什么。上级不授权，对下属工作不信任，下属成了牵线木偶，完全没有施展个人才华的空间，明显不利于其主观能动性的发挥，也不利于管理者管理能力的发挥。以背票业务为例，上级若适当放权，下属就不会把时间和精力耗费在细节汇报上。对于其他业务，管理者也应设置应急绿色通道，及时授权，为下属争取最高效的办事效率。

第6杯

马丽的新公司

周末的清晨，一杯 Wake-up 清咖下肚，门铃响起。

刘苏捋了捋贴在脑门的刘海，睡眼惺忪扭开门锁。

兔子推开门，径直去了厨房，热了碗在家炖好的罗宋汤，递给刘苏。

好久没有闻到肉香，还有她最爱的土豆，刘苏跟着味蕾苏醒。

"还被那个灭绝师太压着，当你那苦命的小丫鬟呐？"

"那也是首席大丫鬟好不好！"砸吧砸吧嘴巴，刘苏白了她一眼。

兔子拿她打趣："做人要像土豆一样，跟啥玩意都能炖一起，咋整都不难吃，尽量别像花椒大料姜似的，哪有事哪到，从头到尾都跟着使劲忙活，最后菜做好了，谁一动筷子第一件事都是把你挑出去，生怕吃着你。更别像苍蝇，一炒菜你就煽呼个小翅膀劲劲地往跟前凑，总把自己也当个佐料，一进锅里命搭上不说，这盘菜也完了。千万记住别以为自己是蘑菇就想和土豆一起炖鸡块儿，你要时刻记得，人家采你，你是蘑菇。不采你，你就是一山货。"

谁说我是山货。除了百特，我还得再做一家新公司的财务工作。师太给了我一头衔——新公司的监事。"

"什么监事，拿你充数才对！"还是兔子眼毒。

"以前办业务，因为资金数目较大，难度系数升级，银行和招商局的领导统统亲自出马，一个为了业绩，一个为了政绩。你有资本，人家才对你有求必应，你没钱没势，乞丐都不搭理你。如今为了还个人情给招商主任，反正都是外贸公司，说白了就是个壳，多一个少一个都无所谓。公司刚成立，总部来不及派人过来帮忙，所以我又顶上了。"

"你不要命了，她给你几份薪水？你越来越不像我从前认识的刘苏了。"

"怎么不像？是脸皮松了，还是眼睑下垂了？"刘苏喝喝汤，照照手机，样子没变啊，除了疲惫了些，黑眼圈重了些，气色差了些，样子老了些。

"真不知道你做这些的意义是什么！"

"哪有你那么命好，一出生就是富二代。而我呢，欠着十几万房贷的负二代，我需要这份工作。再说从头做起也不错，至少我明白一家贸易公司是怎么从无到有的。不和你说了，一会儿还得加班，赶份招标计划书。"

"不和你说了，老板给我升职了，还小小地加了点薪。我得去金鹰慰劳下自己，你不去就算了。"兔子拎起小包起身，扭着小腰离开了刘苏位于市区的那三十几平的房子。

连李舒舒都不敢打包票10天内把新公司前期手续统统办好，刘苏急什么？但是事情不做完，她连睡觉都能梦见马丽布置工作的一幕幕，耳畔不停响起她的夺命连环电话。

马丽："公文都过来了，他们不是要完成年底任务吗？集团也是出于资金周转，答应再开间新的贸易公司，法人是我。刘苏，把你的身份证给李舒舒，暂代监理。增票的事情也跟进，开不了发票，业务就无法展开。"

"好，我会跟进。"

"嗯，另外问一问发票融资的关键事件在哪儿，还有流程。不要拖时间，我希望我们清楚地知道时间的消耗点在哪儿，前期自己的准备工作，尤其是票据的准备是否做足，什么时间前必须备齐资料。"

"嗯。"

"大家都忙起来，公章共用！同志们，业务量大了，信息量也大了，但是很多事情都得保密，包括我要求你们做的，比如做百特和新贸易公司的事情，保密工作很重要，自己人别出问题。"

正当刘苏苦哈哈地赶工为申请新公司准备资料时，李舒舒和马丽却在咖啡馆优雅地享受着下午茶。她哪里知道，新公司只是马丽和李舒舒之间的一次"地下交易"。

"做外贸，首先得有个公司，开办新公司的事情我已经找刘苏去办了，她刚来，什么都不知道，找她没错。现在国家把进出口权下放给个人了，虽然不是坏事，但是真正得到好处的不是大多数的个人。"

"呵呵，你当了那么多年财务经理，肯定懂得怎么操作了。我只不过提供一个平台给你。这家新公司说白了就是间皮包公司，但是有了政府支持，加上你从百特挖来的货源，要么自产自销，要么买进卖出，省掉不少代理费，还说挣不到钱，我可不信了啊。"

"舒舒啊，我可不是和你哭穷。我们家的财神爷经常周游世界，不太管事。我整天提心吊胆，生怕有什么疏漏，连付款收款都得自己盯着，生怕刘苏给我捅出什么篓子，被总部发现就糟糕了。幸好那个呆头鹅刚来不久，我把总部发来的邮件掉包转发给她，改掉了合同和发票信息，让她把钱汇到一家名字很相似的香港公司，再用这笔钱进行周转。"

"只要对你没啥影响就行，反正这笔钱咱们只是暂时'借'来用用，你知我知，天知地知。开天辟地，一片混沌时，最容易浑水摸鱼。"李舒舒是官场高手，对付男人那套本事对付精明的马丽没用，唯有将心比心、直抒胸臆。

"行，你的消息灵通，那就劳烦李主任帮我盯着市场动态。我有货源，你找市场，祝我们合作愉快！"

李舒舒有些顾虑："我是政府官员，不方便出面。市场这个东西不是一天两天就能解决的，找专业的市场人员帮我们做。谁也想不到新公司的幕后老板就是你啊。"

"哪里哪里，没有你，我也只是挂名老板。我虽是会计专业毕业的，但从来没有自己搞过公司，什么都要自己摸索，自己跑，很累但是很锻炼人，相信以后会好很多，这就是一种积累。"马丽在李舒舒面前还是相当谦虚的。

"你干吗自己跑，找那个刘苏啊。趁她什么都不懂的时候，好好利用起来。等到公司做大了，再把她请走，免得夜长梦多。"李舒舒献计。

阴谋那头，被视作"呆头鹅"的刘苏正托着腮，考虑新公司开办期的事。

申请开立公司首先要有名字，起名字不是那么简单随便的，名字一般由四部分组成，依次是行政区划＋字号＋行业特点＋组织形式。

想好名字后要先上当地的工商所去领"名称预先核准申请书"，里面的内容认真如实填写，刘苏写了 5 个备用名字供马丽挑选。

周一，马丽就敲定了新公司的名字：百斯特。

"是内资还是外资？内资是有限公司还是股份公司，还是像什么全民、集体或私人等类型，外资的话是独资还是合资或合作，注册资本是多少，准备从事的业务范围是怎样的，以及投资人的姓名，要是公司老总委派办理的话，还要准备被委派人的身份证和一个委托办理注册的委托书，委托书上要有投资人的集体签名，还要写明委托办理该事宜的起止时间等等。"刘苏提醒道。

"外资！就按上回我说的办，法人是我，监事是你。事情没做完，总部那边少提，和他们没有太多关联，保密！"

虽然刘苏也不明白，但还是应了声"嗯"。

填好申请书，刘苏马不停蹄赶到当地的工商所，等待下发"名称领取通知书"。工作人员如自动答录机一般告知："凭通知书上的时间去办理公司设立申请，通知书上会有已经可以使用的公司名字——百斯特。公司设立登记要准备的证件有：

（1）公司董事长签的设立登记申请书。

（2）有关报批的批文。

（3）公司章程。

（4）验资证明。

（5）股东的身份证、董事经理监事的住所和聘用证明、法定代表人的任职证明。

（6）名称领取通知书、公司住所证明、经营范围涉及审批的批文。

一般好的工商所2周之内会有结果。你们也可以花钱找代理办。"

"马丽这种一毛不拔的铁公鸡，一定会让我去跑，不用白不用嘛。"刘苏自言自语。

办完了新公司登记，就该申请进出口权了。

"答录机"又告诉她申请条件：

（1）外贸流通型的注册资金要在100万元，部分经济性质。

（2）自营型的要50万元。

还要提供申请材料：

（1）企业申请进出口权报告。

（2）上级主管部门意见。

（3）工商营业执照副本的复印件。

（4）税务登记证副本、国税和地税复印件。

（5）组织机构代码证副本复印件。

（6）企业法人身份证复印件。

（7）验资报告复印件。

（8）进出口资格申请表。申请外贸的可以直接向市商务局申请，合格后就可以获得"中华人民共和国进出口企业资格证书"，然后到地税局办理营业执照变更。

"营业执照变更？这么麻烦！"刘苏大惊。

"答录机"面无表情地回答："刚开始经营时，一般都是小规模纳税人。要申请一般纳税人，增加进出口经营范围，要交企业法人签署的'公司变更登记申请书'，法人代表签署的委托书，进出口资格证书原件、复印件，企业营业执照副本和企业章程，然后到国税局办变更登记，办理出口退税登记，提交下列文件：进出口资格证书原件、复印件，工商营业执照复印件，并填写登记证；然后去当地的口岸登记，领取'自理报关单位登记证明书'。要交的文件有营业执照复印件，进出口资格证书原件、复印件，企业章程，税务登记证副本的复印件，组织机构代码的复印件，验资报告，企业财务账目设置清单，企业财务制度，企业财务机构负责人签名，办理以上手续的时候记着要带公章，包括公司公章、法人代表公章、报关专用章，海关那边结束了该去检验检疫局了，就不在我们这儿办了，听明白了吗？"

手续虽多，但也不算太复杂，刘苏带上工商营业执照复印件和进出口资格证原件、复印件，填写好登记表格后就领到了企业备案登记证和号码。

下一步是去统计局了，刘苏出示进出口资格证复印件和原件、工商执照，办理登记而已。

只最后一步，去外汇局办注册登记。

刘苏和外管的"扑克脸"是老相识了，在古德就曾经打过交道。

刘姑娘赶到外管时，刚好两点。

"夏令制，我们这三点上班，等着！""扑克脸"的电脑上满屏蜿蜒曲折的绿线条，刘苏这才明白他为什么心情不好。

等"扑克脸"看完一个钟头股市行情，刘苏才上前询问百斯特的事。

"首先填张'出口收汇核销账户申请表'，同时交进出口资格证书原件和复印件、营业执照副本复印件、组织机构代码复印件、海关登记证书复印件、出口合同复印件、介绍信、申请书，提交进出口资格证原件和复印件、营业执照副本原件和复印件、组织机构代码证原件和复印件、单位指定专人核销工作的介绍信，都办理完后回家听信吧。""扑克脸"自动开启语音答录系统。

"听说还要办理IC卡？"刘苏给"扑克脸"递过去一杯咖啡，等"扑克脸"

炒股的那一个小时里在楼下星巴克买的。

"嗯，咖啡味道不错。去当地的海关跑一趟，领张'中国电子口岸企业情况登记表'和'中国电子口岸企业 IC 卡登记表'，要是需要申请多个外汇核销员的话，就多领几张 IC 卡登记表。按照表格背后的要求填写后交回，他会给你个通知书，告诉你什么时间去取。带点现金去购买 IC 卡、读卡器、软件等。哦，对了，领卡当天记得带身份证，工商税务外贸海关外汇会对你们进行检查，结束后你就买卡，然后安装、上网、注册。一旦签订出口合同，就要准备申领出口核销单，因为数据的传输不是马上的，所以你要早准备，一般网上申请后 2~3 天就可以核销了，这是网络申请的便利之处。""扑克脸"随手抽了张纸巾，翘起兰花指擦了擦嘴角的咖啡渍，心情似乎随着一杯浓浓的摩卡下肚而渐渐转晴。

"首次申领要提供合同、操作员 IC 卡、核销员证，领到后在网上通过电子口岸向海关备案，然后才可以出口报关，报关后通过电子口岸结汇系统将用于出口报关的核销单向外汇局交单，在你办理完银行收汇后，到外汇局办理出口核销手续。这些我说得再多也没用，你操作过一次之后就长记性了！""扑克脸"虽然长得雌雄莫辨，情绪总是阴晴不定，但专业素养还是很不错的，叙事能力也比马丽强。刘苏听了一遍，办理新公司的流程便了然于胸。

原本一般纳税人的申请可以找李舒舒或者梅行长帮忙，但两个都是大忙人，双双推脱。以后总要打交道，怕伤了和气，马丽索性又让刘苏去办。

刘苏有些怒了。但转念一想，反正一个流程都快跑完了，也不在乎多出这点事儿。

一般纳税人

一般纳税人是指年应征增值税销售额超过财政部规定的小规模纳税人标准的企业和单位。

申请条件：

(1) 有固定的生产经营场所。

(2) 按照制度规定设置账簿。

(3) 生产企业年销售额达到50万元，商业企业年销售额达到80万元。

(4) 会计核算制度健全。

(5) 注册资金不低于500万元，人员不少于50人。

申请资料：

(1) 税务登记证副本。

(2) 代办人身份证明。

(3) 会计从业资格证明。

(4) "办税员注册证书"复印件。

(5) 法人身份证复印件。

(6) 公司章程复印件。

(7) 房产证复印件等其他相关资料。

申请步骤：

(1) 纳税人到国税服务大厅领取并填写申请书，连同上述资料一同呈交受理窗口。

(2) 相关部门进行审核。

相关部门审批通过后，税务登记证副本上将会加盖"增值税一般纳税人"戳记。

注：如为新办企业，申报管理科制发"增值税（临时）一般纳税人认定通知书"，并在税务登记证副本上加盖"增值税（临时）一般纳税人"戳记。新办企业在暂认定一般纳税人期满后的十日内，必须申请转正。

原本申请一般纳税人需要等二十天，加上百斯特并没有实际的业务展开，税务局借故拒绝了刘苏的申请。假如一般纳税人不能认定，一旦新企业开展业务，增值税进项税额就无法抵扣销项税额。一时交不了差，只得硬着头皮找李舒舒帮忙。

税务局的大盖帽一向铁面无私，但林子大了，也少不了蛀虫的存在。一听说百斯特位于偏远的开发区，就要求公司派车接送 2 个税务局工作人员实地考察公司规模。接着，又要求给予每人 1,000 元的"辛苦费"。

刘苏说要向领导汇报下，对方便欺生，硬要让她规规矩矩等。她愿意，马丽可不愿意。为了不再听到马丽索命的讨伐，她决定：直接找李舒舒。刘苏已经知道这些费用可以进招待费或者管理费用，没人会查，这是潜规则。

原先拒绝刘苏的那人接听了李舒舒的电话，立刻笑成一朵花，脸上的褶子能夹死五只苍蝇："哎呀，不知道您是李主任的表妹。虽然你们目前并不符合条件，但是李主任的事就是我的事，回家等消息去！大概一周内给你答复！"

刘苏这只呆头鹅还在感叹：官场女领导果然雷厉风行，自己跑断腿都办不了的事，对方一个电话轻松搞定，太不可思议了。办对事，找对人，活儿就能干得漂亮！

背票和新公司开业准备的流程跑下来，刘苏已经筋疲力尽了。如果可以重新选择行业，她应该会是个很不错的航空快递员和开办新公司的代理人。

★ ★ ★ ★

★第6块方糖★

别以为创立新公司就像申请个 QQ 号那么容易，工商、税务的业务办理，你得样样都懂。优秀的管理者可以将散兵游勇迅速组建成特种部队，可以将杂乱无章的流程合理排序，可以调动各路人马为自己所用。假如把这种战略思维运用到今后的管理工作中，了解员工的性情和才干，适当授权，组织效率必将有效提高。马丽对刘苏从完全不信任到适当放权，是管理能力上的一大进步。虽然动机不纯，但自己着实省了不少工夫。只需抓住核心信息，动动嘴皮子，不费吹灰之力。

第7杯

监磅——大卡车上的监工

阿桂回来了。

马丽背地里对她说，刘苏占着你的位置，替你把活儿都干了，你回来得加倍努力，小心人家连你的工资也替你挣了！

一向心直口快的阿桂第一次没接话。两人清清楚楚地做了现金和账面交接。

Oscar 正好也从欧洲酒庄度假归来，送给财务部美女们一瓶红酒做伴手礼时，点名让刘苏去他的办公室。

度假前，他曾嘱咐刘苏：我不在，你听马丽的。他回来了，自然要听他的。太棒了，终于不用当马丽的使唤丫头了。

而马丽也暗自叫好，还在考虑怎么支开刘苏，这丫头比想象中聪明，新公司的现金业务千万不能让刘苏碰，免得查出点什么。

Oscar 的办公室新装修不久，残留着甲醛的刺鼻味道。行政部的小清新美眉捧来吊兰和绿萝，让空气里流淌的气味不那么亢奋。

Oscar 是欧洲人，对外总称自己不会中文，实质是个中国通。可西方人的工作做派依旧不改，工作区和休闲区用一个小小的吧台巧妙隔开。闲暇时，开一瓶红酒，点一支烟。

刘苏来不及等他喝完杯子里上等的法国红酒，就接到了她的新任务：

配合仓库监磅。这活儿本来是阿桂的，她总是借故出去溜达一圈，草草了事。Oscar 以阿桂有孕为由，换了刘苏去监磅。

整个公司人都走了，将近一个钟头过去了，刘苏也没等到公司司机来接，索性跳上供应商的车跟着仓库杰哥直接去了现场。头一次看地磅，盯着陌生的机器，心想，去他的，谁又能骗我？踢着路旁小石子，恶狠狠等到十二点。

电话响起，每个月有 20 天在三万英尺以上的 Oscar 在他的别墅里看完新闻，顺耳听了气象预报，在这个天寒地冻的时刻突然想起了刘苏："抱歉，有个客户来，司机这时正去机场接他，忘了你的派车申请。明天能交数据和报告吗？"

刘苏鬼使神差地答："能！"

"打个车回去，公司报销，注意安全！"

"嗯！"本来想说，这个时候连鬼都不理，还打车，天方夜谭。想想算了，上司大半夜的能打个电话亲自慰问已经不易，懒得理论。

供应商的车里，乱七八糟地堆满外套、抱枕和纸巾。刘苏此刻的心情和 CD 里播放的欢快乐曲一点也不匹配。土豪供应商戴根金链子，肥硕的脸上露出会心的微笑，塞过来一沓红钞票："刘小姐，别担心，一会儿我送你回去。这是小意思，今天辛苦了。"

刘苏对着这叠"小意思"发呆的时候，一旁的杰哥已经把他的"小意思"塞进上衣口袋，面不改色。

刘苏把脸别过去，看向窗外，月光皎洁，干干净净做人，晚上才不至于怕鬼敲门。

杰哥见状，和"金链子"面面相觑，又把它们还了回去，鼓鼓囊囊的口袋瞬间瘪了下去。

原本想作罢，反正杰哥最后也没有收下那点"小意思"。但入账的时候，刘苏出于好奇特地翻查了以前的仓库记录，和账面对不上，这才意识到：无功不受禄，私人磅秤铁定动了手脚，比公司磅秤缺了斤两，有人一直在作弊！

刘苏当晚写了报告给 Oscar，这些人被取消了供应商资格。

Oscar 笑了：这就是我要的效果。派学生面孔的刘苏出马，狐狸就会露出尾巴。

杰哥发来求救信息："求你了，我忘记那天公司磅秤是不是坏了，才叫供应商拉你去私磅的。"

报告里没有明确提到内鬼是谁，只说了供应商要求去私磅，给公司造成了损失，建议换掉供应商，刘苏被通报表扬。

杰哥是仓库主管的小舅子，平常就好赌成性，喜欢贪些小便宜，公司处理废旧包装箱的收入都被他中饱私囊。虽然每笔数目不大，但积少成多，价值也不菲。最后以不知道库存用品摆放位置为由被开除，Oscar 也算顾及了仓库主管的颜面。

"金链子"有些黑道背景，骂骂咧咧闹到财务部。Oscar 耸耸肩，叫保安把他们"请"了出去。

下班路上，几个彪形大汉截住班车。当着十几号大活人的面，用肮脏至极的言语攻击刘苏。那个戴着金链子的人失控似的破口大骂："他妈的，小婊子，你活腻了是吧。坏了老子的好事，敢断老子的财路，今天休想走！"

那人跳上班车，抢走司机的车钥匙，司机和他抢夺钥匙的过程中被推倒。刘苏上来阻止，"啪"一记响亮的耳光，车里所有人都惊呆了，却没有人上前帮忙。

刘苏被这突如其来的一巴掌扇懵了。等到缓过神来，她才掏出手机准备报警。拉扯间，她的袖口被金链子勾住，划开个大口子。一记蛮力推搡，一扭身崴了脚。

整个班车鸦雀无声，没有一个人敢站出来制服这群疯狗。

一个超人出现了。

是魏澜，曾经在 KTV 门口英雄救美的那个男人。自从替她对付醉酒的警察，还有那次被同事们错点鸳鸯的聚会之后，他们就再也没见过。看来，那个梦真的灵验了。刘苏一脸绯红，为了不让别人察觉，她把头低下去，像个受了委屈的小女子，谁也不知道她的心事。有人依靠的感觉真好！

魏澜见状怒斥"金链子"，并告知已经报了警，疯狗这才饶了刘苏，悻悻离去。

第二天，她拖着伤腿，一级一级地移上楼梯，实在不想在电梯里遇到那些长舌妇。平时爱八卦就算了，关键时候只会看笑话。男人们敢怒不敢言，没有一个站出来阻止那股恶势力，怂！若不是魏澜见义勇为，她这朵花估计就被黑势力给扼杀了。

马丽酸唧唧地问："一次性奖励还是加薪了？为了讨好Oscar，值得吗？你也太拼了吧！"

黑社会狰狞扭曲的面孔不可怕，可怕的是好人做了好事之后反而被处处提防和嘲讽，尤其是那些心里有鬼的。再不，就是一些酸狐狸。

"我也不知道怎么回事，差点把小姑娘吓到了。那些做废品回收的，哪个不是左青龙右白虎，戴着狗链子似的金项链，不是土豪就是流氓。"仓库主管解释道。

人在该奋斗的时候不能太安逸，刘苏的人生注定不那么平坦。

大清早，走在去公司的路上。两个新来的员工，像发现新大陆一样指着她。

刘苏以为，又是昨天看热闹那一堆里的。

"女汉子啊！"她们朝她笑，友善地。原来她们当天并不在现场，听说了昨天刘苏勇斗小混混的事，赞不绝口。

踏着阳光，迎着清风，突然忘记了昨日的不悦。原来也不是所有人都爱扎堆，也不是所有人都见死不救。

魏澜后来安慰刘苏：过往所有经历的痛苦在现在看来都是宝贵的财富，因为它让你更强大。

"写份真实的报告给我，不要向任何人隐瞒。你替杰哥解围，可他却出卖了你，把责任推到你身上。你现在要做的不是打击报复，而是站在公平公正的立场上替公司把库存损失计算清楚，我要的是真相。"Oscar 用更理性的方式解决了此事。

经历了失意、被质疑，一份有分量的报告将公司内贼和外寇统统绝杀，刘苏打了个漂亮仗。

在报告中，刘苏还提了一些自己的建议：公司办公室与厂区有较远的距离，为了加强管理，可以实现在办公室远程监控地磅情况，比如装远程摄像头进行网络监控，装上网络版称重管理软件，对每次称重的数据和管理情况进行汇总。还有一种更先进的汽车衡 AVS 系统，可以实现监控、数据上传等功能。可实现无人值守化管理。

不过，在这个理想化建议未实现之前，她仍然要接受监磅的重任。Oscar 说，我不是需要一个出纳或者会计监磅，我需要的是一个可信的人为公司做这件事。

趁热打铁，刘苏熬了一个通宵做了份监磅 SOP。想上司所想，你就离成功更近了。

废料管理控制标准

1. 废料的管理

废料放置在三个地方：仓库、车间及垃圾场。仓库和车间的肥料必须及时进行清理，否则会影响现场管理和生产进度。只有做到人、物及机器的和谐统一，才符合自动化流水线的生产要求及"5S 管理"的工作要求，达到国际标准化质量认证体系的要求。

2. 废料的处理

废料不属于直接采购入库的物品，没有正式的送货单、入库单，废料的计量过磅和出售价格存在人为控制的因素。企业内部接触废料的管理者，如车间主任、采购、会计甚至库工、清洁工等岗位人员容易对废料动"歪脑筋"，在废料计量、价格及出售资金等方面进行舞弊，私设"小金库"。如果企业内部控制不到位，一些外包了现场打扫、清理的废料收购商容易顺手牵羊带走不该带走的物品，诸如保安、仓管与外部勾结盗窃废料的行为势必给公司带来损失。一经发现，必将严惩，绝不姑息养奸。

3. 废料的核算

废料虽然没有利用价值，但对于企业来说是可以带来现金流量的有价物品。在出售废料后应进行会计处理，一般会作为"其他业务收入"入账。"小企业会计制度"、"企业会计准则"等都没有做出明确的表述。值得关注的是，税务部门会检查企业是否已将废料销售全部计入收入总额，有无错报、瞒报、偷漏税的行为，因此有些小规模企业的财务人员会把废料销售简单看做企业调节利润、税负的工具。其实，对废料销售额不同的账务处理，对产品成本、销售成本、所得税都有较大的影响，希望公司有关部门能予以重视。

4. 废料管理控制的执行方案

（1）招投标环节。暂定采购部负责废料处理，应选择具有资质、有良好信誉和商业道德的废料收购商，能履行合约，无不良记录。在规定时间内对3家投标方经过集体商议后择优选择。

（2）签约环节。确定收购商后，邀请法律顾问参与签约环节。听从法律专业人士的意见约定合约的具体条款。如定价方式、定价周期、招标范围、意外新增废料的处理、企业审计委员会的审计意见、保证金的约定等。

（3）废料保管环节。废料产生后必须按照类别区分，分类存放，不得随意乱堆、乱放，并且应办理相应的入库手续，登记废料入库明细台账。入库时，应按生产车间整理分类后的废料，经车间主任和废料管理员双方过磅移交到废料库。入库后，仓管员应按类别登记废料台账。不经审批，不得私自处理可回收的有价废料，有涉密数据的废料应及时销毁，不得随垃圾流向企业外部。

（4）交易环节。不得积压废料，处理完毕后应及时清理场地，整理、清运废料的工人、车辆等其他费用按照合同约定方式解决。废料处理期间，企业指定专人负责过磅的监督工作，称量必须由财务部2人以上签字确认，如会计1名、仓管1名。财务部确认废料的数量、价格、金额，收购商必须在当次货款付清后，将废料运出企业厂区，同时由采购部开具出门证，方可离开。

5.内审环节

企业做好日常控制和分析工作，对于企业售出的废料，可以从企业财务核算系统取得消耗可比数据，按月统计和汇总数据，对比销售数量和理论废料数量之间的关系，计算废料得率，以便控制废料存放、过磅、出门各环节可能存在的管理控制风险。财务部会安排内部审计人员定期对台账及分析表进行抽查，发现问题及时追究，涉及重大问题的需立刻汇报管理层进行处理，涉及经济犯罪的应报送公安机关立案处理。

用制度去监督，比用人去管制有效果得多。刘苏对整个监磅过程做了一个全面的考察，将以上建议写在报告里，公司终于风平浪静了一段时间。

难关渡过一个又一个，常常被 Oscar 通报表扬，得到了一些物质奖励，工资也见长，日子总算过得舒心一些了。但刘苏总有一股说不上来的感觉，自己和最初的样子渐行渐远。她从小就讨厌打小报告的人，可她最终成了自己曾经最讨厌的人，以正义的名义。

"你可不是个好会计。"姐妹淘聚会的时候，兔子直言不讳对她说。

"怎样才算？"刘苏反问。

"默默做账，低调做人。你这一出手，倒是美名远扬，但有没有想过，树了多少敌？"

"可我没做错。"刘苏义正言辞。

"没人认为你错了，可你这种对的行为却没有几个敢做，知道为什么吗？"兔子吞了口爱尔兰咖啡，这是一种很容易喝醉的咖啡，因为里头含有烈酒。相传，酒保为了心仪的女孩，将威士忌融入热咖啡，发明了爱尔兰咖啡。咖啡的芬芳搭配烈酒的浓醇，在冷冽的夜里让人从掌心一路温暖到心底。兔子，这个有着爱尔兰情结的川妹子，就因为听到这个故事，每次来咖啡馆坚持为自己点一杯正统的爱尔兰咖啡，而且只在晚上十二点后供应。

"说说！"刘苏的口味却从柔和的摩卡变成了Espresso，曾经的她喜欢甜甜的味道和细腻的奶泡。

"公司就是个藏污纳垢的地方，一个小小的贪污案只杀掉一个仓库库工，你不觉得背后有更大的势力在撑腰吗？"兔子分析得头头是道。

"阴谋论？有那么糟糕？那我岂不成了枪靶子？会不会下班路上就遇到离奇车祸或者被蒙上黑布套丢进长江喂鱼？"刘苏突然意识道，Oscar的通报表扬已经给自己造成了人身威胁。她可不想有钱赚没命花。

"小姐，TVB警匪片看多了吧你！也不至于这么惨，人家顶多会对你这个小会计处处提防，没必要为了几笔生意当杀人犯吧！"兔子笑她夸张。

"那万一呢？哪天我要是突然失踪了……"

"你有劲没劲？"没等刘苏说完，兔子就打断了她，训斥道，"这还是你吗，刘苏！我认识的刘苏可不会吐沫横飞地吐槽职场，也不会喜欢点苦得像板蓝根的Espresso，更不可能天天忙着打别人小报告还得防着暗箭！你累不累啊？"兔子果真是了解她的人。

"不说这个，太无聊了，不想再听你们公司那点破事。听说你的那个护花使者又出现了啊？"兔子又开始八卦，眯着桃花眼拷问她。

"什么护花使者？就是打过一两次交道的普通朋友。"刘苏欲盖弥彰。

"普通朋友？"兔子扬眉，哈着气，准备用挠痒战术让刘苏招供。

见刘苏左闪右躲，不愿正面迎战，兔子哪里饶得了她，两人追追打打，满屋子跑，直到刘苏求饶："行了，行了，姑奶奶！改天我请他吃饭，让

你见见，你就知道我和他是不是普通朋友了。"

兔子走后，刘苏开始沉思。

她终于明白自己的包袱是什么，Oscar 正按照他想要的人打造刘苏，可这个人并不是自己，而是一个塑胶模子，她顶多算可塑性高罢了。等到有一天，她不能被揉圆搓扁的时候，也许……

一秒钟的时间，刘苏打消了这个消极的念头：没有也许，为了这份月入 5,000 的薪水，为了可以提前退休的梦想，哪怕被吸血鬼咬了变成吸血鬼也得咬牙拼了！

一杯咖啡，可以品出各番滋味。没有尝到成就感的甜，这点苦算什么？

★☆☆☆★

★第7块方糖★

国有国法，家有家规，公司管理者预先估计出公司管理制度中存在的问题，针对各部门、各工种的工作职责制定出一系列相互制约的规章制度，形成企业管理中必不可少的监督机制，做到以法治人。以废料管理为例，"监工"刘苏显然意会了 Oscar 的"苦心"，不仅面对金钱诱惑毫不动摇，而且还学会了勇敢面对，她的成长经验你吸收了多少？

执行力

一日，雅妈提醒大伙儿："一年一度的会计继续教育开始报名了，同志们报完名记得拿发票给我报销！"

阿桂："哎，又要考试了。"

"这个很好考，别担心。"雅妈向来淡定。

"还是Oscar舒服，别说CPA，他连会计证都不需要，他学的是管理。"阿桂一脸羡慕。

"管理人员和专业人员到底是有区别的。裸考60分万岁！入职第一年刚拿到初级会计师，接下来就要好好挑战中级了！"刘苏也不贪心，循序渐进比较适合她的学习状态。争取在3年内拿到会计师职称，5年内通过CPA。

"哈哈，我有题库，不用怕！"阿桂在这方面一直有点小聪明。

"共享！"刘苏提议。

"好，你们科目选了没？暂时别选，对照我给的题库选科目，包过！"阿桂自信满满。

马丽来了，一句话又让原本热火朝天的办公室立马降温："这是工作时间，想聊天，回家聊去！刘苏，交代你的工作为什么还不向我汇报？"

"两家公司网上报税用的数字CA证书和贷款卡暂时办不了，因为税务登记证原件都在国税办一般纳税人。"刘苏的新任务有些棘手。

"办不了为什么不及时汇报？什么时候能办？"

"国税批复了一般纳税人的申请，把税务登记证退回即可办理。"

"找李舒舒！这种小事你自己不会处理吗？拿出点魄力来！"马丽懒得管这事，直接把烫手山芋推出去。

"我一会儿去国税办 IC 卡，就是网上报税的手续。百特的一般纳税人正在申请中，很快就好。目前基础资料和公章都在李舒舒那儿扣着，IC 卡暂时申请不了。"

"没嫁出去的老女人不是那么好相处的，办新公司已经找过她，这回又找她，估计会推脱。打电话告诉她，文件公章请她协调，如果要业绩，赶紧办。"马丽不方便直接表示对李舒舒的不满，毕竟今后需要她的地方还很多，不能把关系闹僵。

"好的。"刘苏心里打鼓。李舒舒自然不是好惹的角色，她手底下有个胖胖的小伙子，常常因为被催着办事填错表，被李舒舒骂得连字都忘了怎么写。刘苏从来没见过那么不开心的胖子。

不过，事情比刘苏想象得要顺利。李舒舒没有像以往那样推脱，反而很热情地答应帮忙。因为之前 2,000 块的那点"小意思"和李舒舒亲自打电话催，已经申请好一般纳税人的税务登记证原件很快退了回来，比正常操作时间省了一半。

CA 证书很容易办，去税务局领张协议书加盖公章即可。贷款卡得去中国人民银行办理，就在"扑克脸"所在的外汇管理局楼上。

柜台的"答录机"是个年轻的美眉，穿着刘苏最爱的酒红色小纱裙和军绿色背心。自从需要爬大货车，她的那套早就压箱底了。"小纱裙"啪嗒啪嗒道出背得滚瓜烂熟的一套申请流程："你先领一张贷款卡申请书，营业执照、组织机构代码证、税务登记证、基本账户开户许可证原件复印件还有公章都带了吧？按照提示，填好申请表后加盖企业（单位）公章。

最后整理好所有申请材料再送我们这里审验。送检时，除了上述资料还要带上一些资料。说了怕你记不住，去领张单子。需要提交什么上面都有，自己看！"

申领贷款卡需要提交的资料

营业执照、组织机构代码证、税务登记证、基本账户开户许可证原件复印件。

法人、总经理、财务主管等高级管理人员的身份证件复印件、学历证明的复印件、工作简历材料。

企业对外投资情况证明材料（如被投资单位验资报告、未验资的被投资单位公司章程或入资资金凭证等），以及各被投资单位的代码证复印件。

上级公司（集团公司／母公司）的代码证复印件。

法人代表家族企业各成员身份证件，以及家族企业各成员单位的营业执照复印件。

上年度（末）企业"资产负债表"、"利润及利润分配表"和"现金流量表"复印件。各报表页须加盖企业公章（事业单位、非法人企业、个体工商户等无须报送财务报表）。

经办填表人身份证复印件。

企（事）业单位通过当地网站"金融服务"窗口下载新办贷款卡录入模板。如果是已进入人民银行企业征信系统的中小企业须下载中小企业更新模板。企业（单位）将有关信息数据，按照下载的电子模板(Excel 本档)逐一录入，校验准确、平衡后，用U盘拷贝电子文档一并提交人民银行。

办理：人民银行按照"行政许可法"和"贷款卡管理办法"规定，根据申请人提交的资料，审查申请人是否具备领卡资格。对条件具备者人民银行在计算机系统中给予登记入档，把申请人的信息数据导入系统，并按规定在五个工作日内发放贷款卡。申请人可对自己的贷款卡设置密码，以保护本单位金融负债信息安全。

糟糕，资料还不全，看来得多跑一趟。

"任务已完成。"筋疲力尽跑了两趟外管的刘苏第一时间回复了马丽。

"好的。"电话那头依然不冷不热。对一个冷酷的上司而言，完成任务是应尽的义务，完成不了就是废物。

有时候，跟谁在一起结伴而行，就注定了你有什么样的宽度和海拔。虽然马丽刻薄了些，但高要求下必出好成绩。加上 Oscar 的强大支持，还有 Kid 的侧面相助，和阿桂、雅妈相处融洽，刘苏的工作越来越得心应手。在新的领域也学到了诸多本领，办好业务的前提除了过硬的基本功，就是找对地方、找对人。

光有娴熟的专业技巧还不够，你还需要有执行力。做每件事的目标是什么，几件事联系在一起能构成怎样的效果。如果其中一件事做不好，会有怎样的后果。想办业务开发票，申请一般纳税人、贷款卡是最基本的要求。没有这一步，下一步怎么也迈不出去。

Oscar 从管理者的角度告诫刘苏："没有执行，一切都是空谈。再远大的目标，再精锐的团队，管理者执行力不强，企业永远达不到战略目标。执行力是区分员工平庸与优秀的重要标准，也是成为管理者的利器。做我的得力助手，你必须好好替我执行！否则我做的再好的'决策'，对于公司来说，都是一张画出来的'饼'，是无法填饱肚子的。我在念 MBA 课程的时候，曾经听说过这样一个故事：一家企业有两个职位相同的员工，一个来自中国，一个来自日本。一天，公司主管对日本员工说：'把桌子擦六遍。'日本员工二话不说拿起抹布擦了六遍，然后向主管汇报道：'报告主管，我已经擦完了六遍。'主管又对中国员工说：'你把桌子擦六遍。'

中国员工拿起抹布开始擦桌子。按规定擦完三遍后，他开始想：'干吗要擦六遍，这不是在折腾人么。'勉强擦完四遍，又想：'这个主管一定有问题，否则不会让擦六遍的。'想到这里，那名中国员工丢下抹布就走了。举这个例子不是刻意丑化中国员工，只是想告诉你这个故事里的中国人在执行主管布置的任务时，明显出现了偏差，而他却将问题和责任推到主管身上。这是很多人在面对执行问题时的通病。刚调你过来的时候，为了考验你，我让全公司最闻风丧胆的女主管领导你，其实是在考验你。我很需要执行力强的员工替我工作，幸运的是，你让我看到了你的态度和能力。"

Oscar 云游四海回归公司之后，刘苏终于脱离了多头管理的悲惨世界。财务总监助理听起来是个光鲜亮丽的职务，其实就是一打杂的。

★ ★ ★ ★

★第8块方糖★

执行力不仅是一个战术层面的问题，也是一个战略层面的问题，它是一个系统工程，更是一门学问，执行力必须充分融入一个公司的各个方面，渗透到战略、目标、文化等各个领域。

——西方管理大师拉里·博西迪＆拉姆·查兰

执行助理和秘书大不相同

"嘿，恭喜啊，刘苏！"Kid 听说刘苏正式升职，从小会计名正言顺当上了 Oscar 的助理，不用再受马丽的奴役，特地来祝贺。

"呵呵，消息够灵通啊！"刘苏可没觉得助理是个多大的官，没往心里去。

"你可是财务总监助理，多少人求之不得的职位。刘小姐却一副不以物喜不以己悲的模样，太淡定了吧？"Kid 由衷替她开心。

"不就是助理吗？同样都是打杂，只不过服务对象更高级了一些罢了。"刘苏举着喷壶，给办公桌上的那盆观音莲喂了几口水。

"小姐，你说的打杂，指的是秘书。我作为百特的 HR 总监，有义务为本公司员工普及一下助理和秘书的区别。助理是指协助主要负责人打理其事务的工作人员，可以被授权，但不能越权。行政助理的主要工作有这么几方面：

（1）文件、档案、资料的整理、分类、归档、记录。

（2）电话记录、打印文件、复印资料。

（3）日常报表的收集、整理、汇总、传递、上报。

（4）遇突发事件，紧急联系相关负责人，协助解决。

（5）收发邮件、信件，及时转交相关人员。

（6）上情下达，下情上传。

（7）做好保密工作（包括公司内部信息、资料、文件、人事、档案、会议内容、计算机信息、财务报告等）。

（8）处理各部门人员的报账事宜，以及审核、汇总、传递工作。

（9）协调各部门人事关系，使工作能顺利、高效完成。

（10）完成上级管理层交付的临时工作。

百特目前只有总监级别的老大才有助理。销售部 Sam 总监的助理就是协助他处理一些日常事务，如日报表、周报表、月报表、会议、促销计划之类。如果在我们人事部，可能还要协助我做一些培训、招聘工作等。你作为财神爷的助理，也是必须具备特殊要求的。"

"什么要求？造火箭啊还是当交际花啊？"刘苏打趣道。

"你要是真能造出来，Sam 就能替你卖出去，你就等着公司给你分股份吧！至于交际花，现在确实有些公司招聘助理是用来公关的，并不需要你有多少工作经验，对学历也没有过高的要求。酒量代表业务量，说白了就是一陪酒的。这样的现象多了去了，但在百特不会这么明目张胆。往往这样的助理都是招聘年轻貌美的小姑娘，长相第一，酒量第二，至于为什么要这样，就不言而喻了！这样的助理往往有高薪，但是横看竖看，你都不合格啊。"Kid 接着刘苏的话茬也幽默了一把。

"靠，你是说我太丑吗？"

Kid 继续补充道："行了，姑奶奶，饶了我的笨嘴拙舌吧，和你开玩笑呢，你是具有偶像特质的实力派！秘书和助理是两个不同的职位，区别在于：秘书相对助理来说，更多的是文职方面的事务多些，如为领导写文章，处理往来信函，等等；助理相对秘书来说，更多的是行政方面的事务多些，如处理行政事务，尤其在领导出差、开会等不在的时候，有权处理、决定行政事务，而秘书就不能；秘书的职责就是对领导上传下达，助理也有此项功能，但是有些场合助理可以直接处理这些上传下达的事项。言归正传，

Word、Excel、PPT、财务报表你都会吧？普通话没有口音吧？以你的条件，肯定能把这个位置坐稳的！在 Z 市这样的小地方，你作为外企财务总监助理，月薪水平直接奔小康了，还不偷着乐？"

"刚升职加薪，我怎么反倒诚惶诚恐呢？不知道能不能当好这个助理！"

"莫言刚得诺贝尔的时候也是这种感觉，一个低调的人突然被重视起来，往往会不习惯。行政助理应该算是公司不可缺少的人，至少老大们认为是缺一不可的，不然他们会恨不得把一分钟掰成一小时用，至少我是这样认为的。个人前途就不好说了，看你有没有野心了。事业心重的话，奋斗七八年，没准还能升做经理，那可是中层管理者了，身价翻倍！"

"借你吉言，晚上一起吃饭吧，还约了两个朋友。我的闺蜜兔子，还有被黑社会突袭那天替我解围的那个朋友。"

"好！"

刘苏在 Z 市生活了一段时间，最喜欢的还是古码头一带的老街。

刘苏带着 Kid、魏澜，还有兔子去了古码头。

古码头地处城西的老街区，集中保留了青石板路、元代石塔、英领事馆旧址等古迹，是 Z 市的文化地标之一。古码头依山临江，地处要塞，商旅繁容，也曾是文人墨客聚集之地。据说，李白、王安石、陆游、苏轼、马可·波罗等都曾在古码头候船或登岸，并留下了闻名四海的诗篇。

"这条古街建于六朝，历经唐宋元明清五个朝代，两千年的积淀才有了如今的规模。老街全长五百米，仍保持着唐宋风韵。怎么样，很有感觉吧？"刘苏是个称职的向导，把这条走过无数次的老街推荐给身边的友人。

兔子站在红灯笼旁摆好极美的 Pose（姿势），让魏澜帮她拍照，她可不愿浪费这美好的光景。她看起来很喜欢这儿。

平常日子里，这儿人迹罕至，唯有享受日光浴的慵懒猫咪和酒吧外对着无数长枪短炮淡定无比的大狗时不时吊几嗓子，偶尔打破这片宁静。

当地住户的生活与古朴的建筑浑然天成，老城改造和旅游开发并没有破坏西津渡的原生状态。漫步在这条古老的街道上，尽享繁华千年的古渡口洗尽铅华后的安宁。

"你常来这儿？"Kid今天穿了件浅绿色格子衬衣，很衬他的温文尔雅。

"嗯，有烦心事的时候，会来这儿走走。"刘苏对着那只淡定的大狗按下快门。

暮色四合，乘着晚风踏着斜阳把古码头的老街、园子、山坡逛了个遍，一行人早已饥肠辘辘，迫不及待地找寻哪儿有抚慰五脏庙的好去处。以"骨灰级吃货"著称的兔子素来交游广阔，一打听，附近有家城里赫赫有名的滋味生活馆，拽着刘苏他们就直奔特色馆子去了。

说它是餐厅，是，也不是。老曹更正我，滨江小城里第一家概念性时尚生活馆。

老曹是生活馆的经营者，打北京来，光头，爱喝酒，爱热闹，正儿八经的大吃货。北方人多爱冒险、喜创新，这一点从大气磅礴的装修风格和别具一格的经营理念可见一斑。

在Z市，取点现钱、打把钥匙、寄个包裹、吃顿晚餐连头搭尾时间加起来不超过两个钟头。生活在小城市，比起大城市恼人的空气质量和交通堵塞，必然是幸福的。这样慢节奏的小城里，小资而不乏特色的地方并不多见。绛紫色的纱帘，透亮的落地窗，窗外满墙的爬山虎，在你刚踏入这里时，就迫不及待落入你的眼。

女人吃的是格调，男人吃的是味道。

走菜的时间最难熬，老曹和兔子有些交情，领着他们在生活馆内四处溜达。

生活馆的前身是个五金机械厂，一楼是餐厅，二楼是包间和一个小型电影院，还有个能容一百多号人的小酒吧。

大厅保留了老厂房的装修风格，木桌、木椅、木钟、木雕塑，古朴不失质感。堆满啤酒桶的角落是亮点，足以看出经营者的豪迈个性。

青灰色砖墙，原木地板，玩味十足的小雕塑，柔软舒适的抱枕，处处彰显出品位和精致。

二楼风格迥异的四个包间或奢华大气，或温馨美好，欧式轻奢与中式元素和谐混搭。装饰画与主题配色颇为讲究，晶莹剔透的水晶灯，舒适惬意的沙发椅。

兔子太喜欢英伦小情调的包间了："下次生日派对就在这儿办了！"

视听馆的设备正在维护，当天没能进去。人生有点小小的遗憾也不是坏事。

移步旁厅，一切旧物、一切荒诞，都变成小酒吧内一件件吸引眼球的艺术品。

老曹不知从哪儿收来的酷似一代元老变形金刚的模型。一旁安静的大提琴与热闹的氛围极具冲突，说不出来的味道，类似在英式小酒吧吃日本料理的感觉。矛盾，却又恰到好处。如同刘苏这个感性的姑娘从事着极其理性的工作一样，纵然没有太多热情，却因责任心，做得不赖，也相当有成就感。

嬉皮海报墙，承载着无数文艺青年的梦想。刘苏站在那儿闪了神，回忆着在广播台做电影节目的往事。恰好，被魏澜抓拍了那个无限美好的瞬间。两人相视而笑。

溜达了一圈，眼睛吃饱了，倒也不觉着饿得那般急切了。"秀色可餐"大致讲的就是这样的感觉吧。

老曹热情呼唤，上菜了。

四人兴高采烈踩着云彩飞下楼，入座。

菜品是正宗西餐＋特色素菜＋滋补火锅的格局，将高级牛排料理单提出来作为主打。老曹说，他在Z市生活了三年，热爱这里的生活情调和阳光，也爱吃锅盖面。西餐只是生活的调料，餐厅不仅吸引着诸多以中产家庭为主的回头客，也非常受当地小资一族欢迎，甚至还有不远千里慕名而来的游客。得保证来店里的人想吃什么，就能提供什么，否则花一万五请来的金牌广东厨师岂不成了摆设。

在广东流传着这样一句话：宁可食无菜，不可食无汤。香脆的酥皮加上鲜美的奶油海鲜汤，海鲜酥皮汤绝对是一道华丽丽的前菜！

兔子在减肥，独爱被称作"沙拉之王"的凯撒沙拉。这是西餐中最常见的餐前开胃菜。与罗马帝国的凯撒大帝毫无关联，只因发明它的厨师叫凯撒。

老曹一边亲自为他们切牛排，一边为他们介绍："我们家的牛排选用靠近牛里脊的部位，非常细嫩，进入六面同时加温受热的烤箱，用苹果、雪梨、龙眼、荔枝等树木烤制，完全锁住水分，既有果木的烟熏味，又保留了牛排的原汁原味。搭配特色酱料，你就能细细品味出这款主打牛排的滋味。"

Kid 留学多年，对西餐颇有研究，他对老曹推荐的果木烟熏牛小扒赞不绝口：这是我吃过的最正宗的西式牛排。大伙儿很快就分食了这块超级大牛排。

趁老曹走开，兔子对着造型好看的法式蜗牛吐槽："就是把蜗牛藏在芝士土豆泥里罢了，如果里头藏着求婚戒指啥的，倒也惊艳。"

"嗨，大小姐，低调低调。"刘苏偷乐。

"难道你不恨嫁？"兔子挑衅地望着她，余光落在两位风格迥异的男人身上。

"我目前的奔头可不是把自己嫁出去。"

"在这个小城里，像刘苏这样活得像陀螺的女青年可不多见啊。我打算开一间小餐厅或者咖啡馆，小而美好的。"魏澜替她又斟了些酒。

"有梦想多好，支持你！像这么放松地和朋友们一起吃饭，还真是头一回。我真羡慕每天慢悠悠的蜗牛。只不过，我可不想成为盘中餐。"刘

苏望向窗外，满墙的爬山虎绿油油地映入眼帘。阳光溜进来，在两个姑娘的秀发上舞动着，那画面美极了。

没等刘苏说完，兔子就抢话："你就是一工作狂，我敢打赌我会抢在你前头结婚。有次陪她去上海培训，晚上我问她，要不去泡吧？你们猜她怎么回我？好啊，楼下就有一个网吧。你的生活有多无聊！"

大伙儿都乐坏了。

魏澜点的泰式咖喱虾终于被端了上来。松软肥嫩的大明虾被浓郁的咖喱汁包裹着，刘姑娘不由惊呼：给我米饭！

餐厅的厨师来自广东，选用的黄咖喱，没红咖喱那么辛辣醇厚，味道比较温和。清啜浓浓椰浆搭配咖喱膏调配出的浓郁咖喱汁，口味纯正，吃到恨不得连手指都要吮干净。兔子在一旁捏她的胳膊："小姐，矜持点，矜持点可以吗？"

因为是熟人的关系，老曹送来一瓶红酒和四份哈根达斯冰激凌。让人垂涎欲滴的大牌水果冰激凌果真底气十足、货真价实，幸福满满的！

老曹是个闲不下来的人。空时做做公益、喜欢亲自和厨师研究新菜式，再拉上几个厨子去音乐节卖羊肉串。用他的话说，开店和生活一样，就是图个高兴！

旁桌啃着牛排来串门的小孩，一头卷发，冲他们卖萌、傻乐，他恐怕也认识到了"能吃是福"的道理。

"我也好想有个头发卷卷的小女儿啊！"刘苏犯花痴。

"你以为每个女人都能像秀兰邓波儿她娘一样生出那样的小可爱吗？"兔子白了她一眼，"拜托，先找个男人再说。老公还没有呢，孩子从哪儿来？"

"呵呵，刘苏是个好姑娘，会找到属于她的另一半。今天，我们就为她高升财务总监助理干一杯吧！"Kid没忘主题。

一杯红酒下肚，刘苏有了些醉意。其实她想结婚，想找个纯良憨厚的男人过简单的生活。他在哪儿？

是面前这个斯斯文文的 Kid？还是风趣幽默的魏澜？或者黎柏一会从太平洋另一端突然飞回来向她求婚？

饭毕，捧着肚子出门，满满都是食物的味道和这里的故事。

★ ★ ★ ★ ★

★第9块方糖★

奶茶刘若英在《鲁豫有约》里曾说："拍电影《天下无贼》的时候，冯小刚把制片人叫来，问：人活着为了什么？不就是混口饭吃吗？所以饭一定要好。"鲁豫答道："如果一个人吃都不爱，那就太缺乏乐趣和意义了。"我们这些凡夫俗子为了讨生活而工作，更要明白，什么才是活着的意义。

第 10 杯

皇亲国戚的账单

表面对你恶狠狠的人未必是你的敌人，即使是敌人，也有值得你学习的地方，每个人都可能是你成长过程中的贵人。没有恶毒的皇后和毒苹果，哪能成就白雪公主和王子的幸福生活？前进的道路注定不是平坦的。

有了好的人际关系，才能帮助你在职场获得好人缘，无论遇到什么困难，一定要多问。即使是敌人，也有值得你学习的地方。比如马丽。

刚到百特不久，刘苏便发现了这一点。本部门的女孩子并不喜欢她，私底下联合起来吐吐槽，其他部门的同事提起她的名字一脸不屑，懒得提。

阿桂和小凡甚至惟妙惟肖地模仿她和 Oscar 的对话。懂得自嘲的人才能放下身段走群众路线，熟悉了刘苏的个性，大家渐渐对她友善起来。

当办公室沦为茶话会现场时，马丽和这班乐得前仰后合的娘子军撞了个正着，唯有初来乍到的刘苏不敢笑出声，憋着。只见马丽铁青着一张臭脸：公司可不是慈善家，你们也不是老佛爷，笑什么笑，干活去！

"God！8,800？8,800！金蛋？金蛋！我们的销售总监也太能花钱了吧！请客户吃饭诚意十足呐？直接送人家金蛋，上哪儿找了只下金蛋的鸡？"刘苏正在审核费用。

雅妈瞄了一眼刘苏手里的发票，也吃了一惊。

阿桂叫了起来："哇唔，除了金蛋，还有仙桃呢！"

　　刘苏递过发票，翻了翻其他票据，果然在各种餐饮费、过路费、汽油费发票和旅行社代订的机票中夹杂着一些很奇怪的发票，比如麦德龙买的打火机、吐司，女装发票、儿童游乐场门票等。

　　刘苏没吱声，心里暗自佩服百特销售部的散金能力和欲盖弥彰的本事。话说，会花钱的就会挣钱。可百特刚刚运营半年都不到，查了一下相关招待费，已经超过了标准。这些费用究竟是不是完全用在招待客户上呢？

　　天知道！

　　某日午休，刘苏还没来得及铺开行军打仗备用的床铺，销售总监Sam大叔怒气冲冲推开财务部的大门，从一堆请款单中翻出一叠发票像拍苍蝇一样狠狠摔在刘苏的桌上。

　　那是几只明晃晃的金蛋发票，外加共计几万块的餐饮发票，事由很普通：疏通客户关系。刘苏以请款单上没有Oscar的签字为由压着没付。Sam派秘书又送了一次，结果被退回。这才让他大发雷霆地亲自跑来兴师问罪，究竟是什么人吃了豹子胆，敢和他作对。

　　"你凭什么不给我报销？你有什么资格？"Sam本来就有些大舌头，牙齿缺了一颗，讲话会漏风。满脸潮红，远远看上去就像块猪肝。多半是中午刚刚应酬了客户，喝了不少酒的缘故，口齿显得更加不利索。

　　刘苏也没心思午睡了。兵来将挡水来土掩，这位大爷可不是善类。

　　"Sam总监，财务重地，闲人免入。况且这是公司规定，超过一定金额必须由Oscar签字。对不起！"刘苏也是小职员，上头不批，她在这种地位悬殊的维权较量中只能帮上司背黑锅。

　　"你说我是闲人？你有什么资格！你算什么东西！把你们领导叫出来！"Sam的牙齿缝隙很大，说这话时，口沫横飞，令人作呕。

　　刘苏的答复还是那套言辞，反倒更加激怒了微醺的大叔。

　　"你们这些小城市里泡久了的小市民懂什么叫投资吗？你不讨好客户，他们凭什么出钱买咱们的产品！你别拿公司那套流程来搪塞我！你刚来的

吧，连我是谁都不知道！"Sam 不愧是传说中的铁将军，咄咄逼人的气势，两眼一瞪，威慑四方。

"您是堂堂总监，别为难我们小孩子。公司的钱又不是我的，不是说报就能报的，您连发票都没给齐，况且还没有 Oscar 的签字，我真的没法给您放行！请谅解！"刘苏只能装弱，谁让她接下内审的工作，专门负责审核合同和付款单呢！又是一项得罪人的工作。

"少废话，别以为我不知道你们当会计的怎么算计我们这些跑街的，恨不得我们天天花自己的钱为公司卖命！这些车马费、通讯费、招待费统统都是正常的支出，我已经自己先垫付了，别用什么规章制度敷衍我！让你们头儿来和我解释！你没资格和我说话，滚开！"Sam 此刻就像只饿虎，正虎视眈眈盯着面前这只小绵羊。只要她稍稍不顺从，就能把她撕个粉碎。

刘苏觉得委屈，含着眼泪冲出了办公室。她抬头望着天花板，泪水在眼眶里不停打转，这个倔强的姑娘努力让它不流出来。她心想：绝不能在敌人面前哭鼻子！

见刘苏抵不住火势了，隔岸观火的马丽这才闻声走出办公室。Oscar 刚好当日不在 Z 市，她算是绝对领导。

"怎么回事？"马丽看了看那几张发票，立刻明白了 Sam 的着火点。

"不想再重复，让你的下属付钱给我。告诉我什么时候到账就行！"Sam 开门见山，"马丽姐升了经理，算是小富婆了吧？我们这些整天在外头颠沛流离的人真正赚的都是血汗钱，没道理让我掏腰包给公司垫钱做事吧！对了，Oscar 给你多少钱一个月？这么尽职尽责，也没见他多给你开点奖金！"Sam 那张嘴厉害得狠。

"呵呵，哪能算得上，普通。"马丽尴尬笑笑。

财务部一向是吃力不讨好的部门，服务为主，干得再卖力，干到感动中国也不如达到漂亮的销售业绩那样主动令老板升职加薪。所以，马丽在 Sam 面前还是毕恭毕敬，给足面子的。谁让他是老板跟前的大红人，公司靠着他带领的销售团队挣钱呢！

据说，Sam是唯一一个敢在公司室内抽烟的人。有一回，一个新来的秘书怯怯指着墙上的禁烟标识："这里不能吸烟。"

他把小姑娘差点骂哭："老子在董事长办公室都有专人给我递烟灰缸，你算哪根葱！"

此时的Sam，就像当年助雍正得帝位的年羹尧，气焰嚣张。百特所有人都把这个一人之下万人之上的人当菩萨供着。

"过去咱们在工作上有点小摩擦是正常的。但这点招待费你都卡我，以后咱们怎么一同切磋呢！我连请客人吃饭的钱都得自掏腰包，这太说不过去了吧！我明天就要飞台北，没工夫和你们这帮黄毛丫头扯东扯西。"Sam话里有话。

马丽在他面前像个眉低眼顺的小丫头："哎呀，Sam总监，我只是个小小的经理，Oscar确实提过招待费不能超出指标，否则需要他的签字，特事特办。不过，对您应该另当别论。我把其他费用先暂时压一压，缓解下资金压力，尽快先给您报了。"

马丽讨好的模样让一旁的刘苏看着别扭。好端端的大美人偏偏生得个谄媚的嘴脸，趋炎附势、欺软怕硬。

"阿桂，赶紧替总监办一下，早点把钱通过网银转到总监的卡上！等Oscar回来请他补签名！"马丽把刘苏视若空气，铁着脸对阿桂下了命令，继而转脸面向Sam，眼睛笑成一条缝儿，"呵呵，您别见怪，小姑娘不懂事。您的费用我们会及时打到账户的。"好个顺水推舟，责任推得干干净净。刘苏只有整吞了黄连，有苦难言，默默忍受吧。谁让碰到个难缠的女上司呢！

见刘苏又和Oscar聊了一个多钟头，马丽心里不是滋味，以前老佛爷最喜欢和自己聊天。现在这丫头调来了，她就靠边站了。

马丽撩了撩酒红色的卷发，风言风语道："按理说，我不该说些遭人

烦的话。可我不得不提醒你，别仗着年轻貌美就目中无人。你能爬得这么快得到这个位置，还不知道做了什么见不得人的事！"

刘苏再也不想做温水里的青蛙，怒斥道："我已经忍你很久了。你是经理，不是奴隶主！我把你当做前辈，一再退让，可你不能这么污蔑人！要较量，咱们就光明正大地比，不要在这里妖言惑众！"

百特从来没像现在这么热闹过，众人呼啦啦围了一圈，里三层外三层，叽叽喳喳，没完没了。

"你！"气得面红耳赤的马丽伸手就想给刘苏一耳光。

Kid 从人群中站出来，一把抓住马丽的手，接着又把刘苏拽到咖啡间。

刘苏背对着他，肩膀轻轻颤动。

Kid 递过去一张纸巾："马丽和 Sam 是老人，又是老板跟前的红人。你不该公然和他们作对，他们要是玩阴的，你玩得过他们吗？你刚来公司不久，还没站稳脚跟。他们都有后台和背景，可你除了有个总监助理的身份，别的什么都没有。上回因为监磅被报复，魏澜给你解了围，算你走运。那个黑社会什么人的麻烦都不找，偏偏找你，肯定是有人向他们说了什么，才找你出气。万一那天没人搭救你，后果怎样，你考虑过没有？"

"可你知道那个 Sam 有多过分！还有马丽，她在 Oscar 面前说我是花瓶，只会形式主义，干不了实事，遇到事情完全不知道怎么处理，都是她给我收拾烂摊子。我做任何事，她都会给我使绊子，处处挑毛病，我受不了了。"刘苏崩溃地诉说着，"我不是三岁小孩，虽然不像 Sam 能替公司赚钱，但至少我帮公司省了那么多钱，这是事实。"

"对，这也是 Oscar 认可你的原因，你很正直，也很客观、勇敢，但你必须学会保护自己。"Kid 点中要害。

刘苏含着泪点了点头，只有在 Kid 面前，她才能让眼泪肆意流出。

从咖啡间出来的时候，刘苏早已擦干了眼泪，当做什么也没发生过。

★第10块方糖★

当遇到强势同事时，一般人会做出两种反应：一是辞职不干，此处不留爷，自有留爷处；二是考虑再三，认为前程重要而选择继续留下。著名畅销书作家、编剧陆琪在他的书中有这样一个观点：千万别当一辈子的老好人，这比做一辈子恶人还要糟糕，因为恶人就是专门吃老好人的。陆琪认为，隐忍、等待、反击才是职场中为人处世的三部曲。在面对一个不友善的人时，要搞清楚究竟是为什么。如果对方是习惯性强势，那就不需要理会。如果是你侵犯了他的利益，占据了他的地盘，那你就要小心了。如果你和他有相互不可能共存的利益的牵涉，那你和他就是天然的敌人，这种看似不可协调的矛盾相当考验你的情商。我们需要做的，就是让老虎们心服口服！

第11杯

真想跳槽

不想加班，不想回家，况且她在这个陌生的城市也没有一个像样的家，连那个嘴巴恶毒的女房东都看不起她，她甚至不明白自己到底在坚持什么。

手机响起，刘苏接起电话："喂……"

是兔子。

"小甜心，我请你吃甜点！"

刘苏一直认为，兔子手里一定有水晶球，要么是个未卜先知的女巫，要么就是上帝派来拯救她的天使。

原来是魏澜的咖啡馆开张了，叫简单生活。刘苏羡慕行动力惊人且清楚知道自己想要什么的人。

女孩子们爱吃芝士蛋糕，但又怕腻。魏澜自创了一款美式芝士，表面铺上一层清爽的酸奶油，夹着既浓又带点硬身的芝士蛋糕，再加上香脆的饼底，感觉非常小清新，很有层次。即使热量高得惊人，姑娘们也爱不释口。

很多人总幻想着坐在香榭丽舍的街边喝咖啡，走在巴黎铁塔下感受年代的韵味。这间花园式咖啡馆，处处弥漫着欧式怀旧情调。玻璃拱形门窗将整个咖啡馆围住，巴洛克风格的彩色吊灯绚烂而夺目，透过洁净的落地窗即能感受到浪漫、静谧的气息。设计师大胆运用几何形撞色墙面和剔透珠帘作为雅座隔断，奢华大气却不失简单和谐，给客人留有私密空间。

最特别的是整面艺术造型的蝴蝶墙，还有咖啡馆里生机勃勃的绿树红花、做旧的复古烛台、忘了时间的钟，更给这间小小的咖啡馆增添了些许神秘感与风情。

兔子和刘苏惊喜地发现，这里的蝴蝶墙和招牌咖啡、甜点，都是她们的心头爱。

后来，刘苏也会一个人来，看看书，安静地发会儿呆。杯中的咖啡香气四溢，独自享受着"尘萦游子面，蝶弄美人钗"的绝美意境。

在通透的落地玻璃窗下，午后时光静静流淌着，缓慢得如同欧洲人悠悠然的性情一般。

这就是所有人幻想的简单生活，也是兔子和刘苏常常光顾这里的原因。

"人生在世两张嘴，上头饱来下头饥；纵能坐得天子位，浮生太短苦叹息。"刘苏窝在沙发里闭目养神。会计这活儿太累了。

"嗨，怎么会计当得好好的，变女诗人了？别那么矫情好么？"在兔子眼里工作就是玩，哪来那么多压力。

"真想向 Oscar 告发这帮天天公款吃喝的人！除了 Sam，还有老总们的司机，经常利用饭局和油钱占便宜，还好意思找一堆发票让我报销，真看不下去了！"

兔子在玩植物大战僵尸，回过头淡淡问了一句："老板签字了吗？"
刘苏无奈地点点头。

"签字了找你报销，你给报就是了，其他的别问。"兔子一边抱着 iPad 战斗，一边给刘苏支招。

"可老板并不知情！他每天签那么多文件，哪知道一个销售几乎每个月都有几万块的招待费！坐飞机永远是头等舱，请客吃饭永远只选贵的不选对的，如果是他们私人的饭局找发票来充数怎么办？"

"你这叫瞎操心，老板又不是没签字！你怎么这么迂啊！"兔子嫌她啰唆，点了两份纽约芝士、一盘沙拉、两杯起泡酒。

"我这叫负责好不好！"刘苏不服。

"这很正常，算是老板给他们的变相福利，你不需要为老板节约。"

"几万块说多不多，说少也不是小数，难道我错了吗？"

"大小姐，你没错，看不过去很正常。老板签字了就说明他认可这笔费用。他都那么大方，你又不是他媳妇，替他省什么钱！"

"呵呵，你比我有当老板娘的潜质。"刘苏盯着兔子看，对面的那个笑靥如花的姑娘倒是真有富贵命，从小含着金汤匙长大。读书时顾着谈恋爱，成绩和美貌成反比，仗着老爹是校董，照样混进了大学。毕业了，工作换得比男朋友还勤，对她来说，工作就是消遣，她可不愿意闲着。

"不过，采购才是真正占老板便宜的人，绝对有机会在价格上动手脚，这个事得注意。干财务可得帮老板把钱袋子盯紧了，老板才会信任你！"兔子虽然成绩不咋的，但是社会上混久了，也经历过些事儿，她很严肃地提醒刘苏。

"老板真的会信任员工吗？"刘苏想起马丽那张脸，那张精致无瑕的脸上没有任何表情。还有 Oscar，他虽然和善，在她遇到困难时总是给她很多支持，但她算是老板最信任的员工吗？上次监磅那事，她仍然心有余悸，虽然现在的采购部形同虚设，只负责零星的采购，很多重要的产品都需要开会讨论。刘苏得到了表扬，但是在一定程度上，也不偏不倚当了回枪靶子。

"管他信不信，做会计得有大将风度，大事管好，小事不计较。否则你既得罪老板，又得罪同事，何必呢？放人一马是中国文化的核心。"兔子说得头头是道。

"做人难，做会计更难，做个没背景的会计难上加难。"刘苏叹息道。

"有些丑恶的现象老板自然是没机会看到的。那只能怪你们老板没有明文规定，或者他在装糊涂。钱不多，得罪人，遇到这样的事，换成我肯定给报了，再让他找点发票冲账得了。你看你，倒是被那个女魔头害得不轻，明月照沟渠的事以后还是别做了吧！"

"那这个公司还有没有公司制度了？"

"傻瓜，哪个不爱钱呀，钱太迷人了。"

"这不是爱不爱钱的问题，这是贪小便宜。不能纵容！"

"这是人性的弱点。你能改变得了？"

"君子爱财，取之有道。"

"要是Sam是老板的关系户或者至亲，你可就麻烦大了。做财务要大气，这些小事都这么咬牙切齿的，对身心都不利啊！"

"我对事不对人，他确实有功劳，但是纵容别人才叫大度吗？"

"老板可能会说：你放手去干！你以为你为老板做了件好事，可是销售和业务，如果没有点自由权那是很难开展业务的。到头来，制度还不就是个摆设！老板各个阶段会有各种不同的想法，等你当了老板，就不会这么想了。还是做好员工的分内事吧，少管闲事！公司是趋利的，老板是公司的代表。本质决定了老板和我们思想不一样。反过来说：公司存在许多问题，你从头改革，一切焕新，结果呢？财务要规范，你大胆去做，我支持你——这是任何一家老板都会对财务说的话。如果公司很多人对你有意见，你觉得老板会怎样处置你这颗引起众怒的棋子呢？"

"那你认为，老板和员工该是什么关系呢？"刘苏搅着咖啡问道。

"相互利用的合作关系。"兔子一直看得明白。

"难道不应该有信任吗？"刘苏不解。

兔子反问："老虎和羊怎么可能是朋友？在自己的独立王国，老板是金字塔的顶层。做好工作，同时保护自己。老板连老板娘都未必信任，何况是员工。即便是利用，那你也得有利用的价值才行。老板利用你，你该高兴，至少说明你有价值！你猜我的新任老板怎么评价和员工之间的关系？"

"什么，你又跳槽了？"刘苏在一家单位勤勤恳恳干了多年，她的这位奇葩室友却在三年内换了至少六份工作。

　　"如果在现在的岗位上已经连续三年没有任何提升，果断炒了老板，这是我的职场信条。老板只能给我们一个平台，不能给我们一个未来，未来还要我们自己去努力！你要是现在干得不开心，索性像我一样跳槽啊！"兔子把频繁跳槽当做乐趣，她觉得整天和自以为是的领导共事就是坐牢。不找到满意的老板，她绝不罢休。她就像介绍新任男友一般兴奋，"他说，我不是老板，你也不是打工，我们就是合伙的！我听了太高兴了，这才叫霸气，有度量！面试第二天我就去上班了。"

　　"我有时候也想走，但不能受了点委屈就当逃兵，况且做人该懂得感恩不是吗？我对公司还是有感情的，从刚毕业一直工作到现在，也有三四年了。当初公司还给我很多机会去学习 Excel 课程和成本管控的培训课。现在去了分公司没东西学了，感觉自己就被掏空了一样，想做一番事业却总觉得被绑住了手脚。"刘苏觉得，这应该就是职场瓶颈期。虽然前阵子有所好转，但总觉得浑身乏力，使不上劲。

　　"感恩？呵呵，你被老板洗脑了吧？是不是每天都逼着大合唱《感恩的心》才叫对老板忠诚？感恩是管理哲学里重要的内容，公司培养了你，你的能力提高了，要有颗感恩的心。其实，我觉得一个员工要离开这个团队，不管员工懂不懂得感恩，老板应该要反思一下：员工为什么要离开，不要一味地去责怪别人。我们付出劳动得到回报的同时，我们付出了时间。劳动价值得到了补偿，时间价值呢？"兔子笑刘苏幼稚，太天真。

　　"我相信老板和员工之间还是有一定的信任和情感因素存在的。"刘苏固执地认为，人与人之间不该像机器一样冰冷。

　　"我说的可都是我经历过的血泪史。我也记不清是第几家公司了，当时我打了份辞职报告给老板，他说要加我工资，叫我留下。"

　　"跳槽这事如果选择好了，就直接走吧；一旦留下了，老板会记在心里。老板在心里已经认为你和他不是一条心了，一有机会就会找人代替你。"刘苏把沙拉递过去，那是兔子的最爱。爱美的兔子为了保持身材，号称食草美女。

"这个我也想过，但是当时很傻很天真地认为老板的提议可以考虑，应该信任他。也想看看他给我加多少工资，如果不以辞职为由，老板不知要到猴年马月才会给员工加薪。再加上我提出离职时，老板说得眼睛都红了，所以我留下了，结果我错了。后来我想明白了，只是他没有准备好而已。"兔子愤愤说道，"马云说：员工离职，两个原因——一是钱给得不够多，二是干得不爽。其他理由都是浮云。后来，我每一次跳槽都很坚决，看准了就跳，不给前任老板任何讨价还价的机会。"

"跳槽这事，还是慎重些好。履历太复杂，就像感情史太丰富一样，你就不怕找不到下家？"刘苏逗她。

"呸！姐姐我有的是自信，瞧不上我的老板和男人都是蠢货！"兔子小姐在这一点上有绝对的信心，只需要坐在那儿抛个媚眼，工作和男人一分钟搞定。

"回到你刚吐槽的那事上，那个 Sam 给你们公司挣了好几千万，吃这

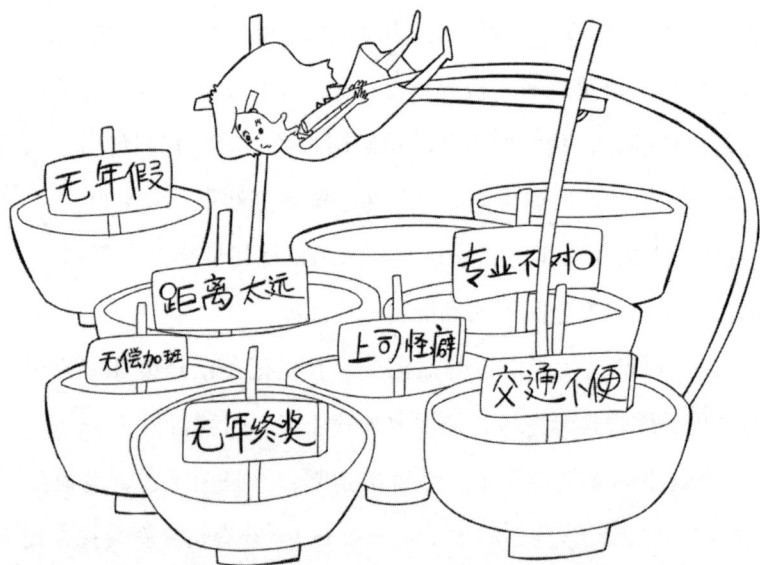

么点也不算太过分！别想了，你再不吃，我可要把你那份也消灭咯！"兔子放下手里的 iPad，扬起勺子狠狠地向那块娇嫩的蛋糕下了手，边吃边八卦起刘苏的感情来，"不聊烦人的工作了，说说近水楼台的 Kid，你俩有没有再续前缘？大学那会儿你俩可是金童玉女啊！"

"张小娴说过，情人眼里出 A 级男人。Kid 很优秀，对所有女孩子都很温柔。可他在我眼里，就是个完美的男人，完美到不真实，实在没办法把他当成情人看。"

"你说他对所有人好，我可要替他打抱不平了。我这么性感妖娆的女神站在他面前，他的眼里却只有你，这说明什么？有时候，我真怀疑，他是不是柳下惠或者 Gay。你俩这种暧昧关系一直从大学延续到了现在，累不累啊？一百集八点档连续剧也该剧终了吧。"兔子贼笑。

刘苏被兔子逗乐了："我怎么闻到一股酸味呢？呵呵，我和 Kid 总不在一个频率上，大学时我有男朋友，他单着，对我也很照顾，可我们不太可能，只能是朋友。等到我和黎柏一分手了，他的身边又有了如花似玉的 90 后小仙女。"

"听说后来分手了。你确定你们俩不可能？"兔子试探道。

"有一种情愫叫恋人未满，说的就是我和他之间的关系，彼此关心着，却依然有些东西隔着我们俩，无法逾越。这个人突然又出现在我的世界，并且他在我心里的分数每天都在增加。我也会问自己：这是爱吗？可后来我发现自己错了，找老公不能用分数来衡量，只有你爱他或者不爱他两个选择，没那么复杂。爱情是一场角力，我不想再自欺欺人，假装自己爱上了这个 A 级男人。年少的时候，他从来没有说过喜欢我，我也因为对黎柏一的承诺宁愿错过他。以前没有在一起，现在也不太有可能，做朋友很好啊，至少不用害怕失去他。"

"你这都是哪儿听来的？你们这些伪小资统统都中了琼瑶奶奶的毒，没救了！那魏澜呢？他对你也挺有好感，还救了你两回。"

"人家那叫仗义，换个姑娘，他同样会出手相助的，性情使然。而且这个人古古怪怪，飘忽不定，他外表阳光，内心好像有个坚硬的壳，没人走得进去。我和他只是普通朋友，就是那种可以约出来吃吃饭、喝喝茶、唱唱歌那种。别乱点鸳鸯谱啦，人家也没说喜欢我呀，我可不像你，是万人迷。"刘苏慌忙解释，工作已然占据了她生活的百分之九十，剩下的百分之十是用来睡觉的。恋爱，还真没时间。魏澜和 Kid 真奇怪，都曾经走近她，后来又莫名其妙消失了，最近突然像约好了似的重新出现，是缘分吗？前脚刚和黎柏一分手，后脚就弹出一波又一波的七大姑八大姨捧着一堆适龄男青年的相片追着她去相亲，幕后主谋一定是刘苏的老妈，生怕她嫁不出去似的。原本每月回家一趟，现在想到一踏进家门就要被架着去见各种奇葩相亲男，自言自语的 IT 宅男、头发都快掉光的工程师、中国话说得连小学生都不如的海龟、走到哪儿跟到哪儿的黏人精……脑子就像被轰炸过一番，索性不回去了。感情空窗期，两个优质男人如约而至，到底谁才是真命天子呢？

"好啦，不逗你啦，我们的小清新女神！只有我才那么好心，抛下男朋友来慰问你这个剩斗士。怎么吃那么少？你又不胖！"兔子见刘苏剩了一大块芝士，问道。

"刚到百特几个月，我足足胖了五斤。如果一个人连自己的体重都控制不了，还能掌控自己的命运吗？"刘苏是姑娘们都羡慕的小脸，体重秤上的数字绝不会体现在脸上，渐渐发福的体态让她看起来有些不精神。

"我看你这是压力型肥胖，多运动就好啦。"兔子干掉了整块芝士蛋糕和沙拉，打算一会儿去健身房消耗热量。

魏澜，冲她们露出招牌式的灿烂笑容，像阳光一样好看。

买完单，兔子就拽着刘苏去了健身房。

一切烦恼、一切纠结都随着汗液统统流出身体。

年轻正是奋斗的时候，不能总是贪图安逸。刘苏和 Sam 发生争执的事情居然传到了 Oscar 的耳朵里。等待她这只小绵羊的将会是什么？

★★★★

★第11块方糖★

并不是每个职场人都那么走运，跳槽和炒股一样，有风险。职场中的人员流动是颇为正常的事情。离开一般有三种情况：第一种，集体抵触情绪高涨，不愿配合你的工作，作为"全民公敌"的你不得不另谋出路；第二种，你的工作一直得不到突破；第三种，你找到了更适合自己或者薪水更高的新工作。

别给自己的脚穿小鞋，大小合适，适合自己并能发挥潜能的就是最好的工作。相反，碰上不喜欢的工作，就会痛苦难熬。

职场中，很多人关注的并非是"合脚的鞋子"，而是"目前最热门的行业"或者"最赚钱的行业"。有太多的人依照外界标准来衡量自己，不管合不合脚都往自己脚上套。如果碰巧正合脚也就罢了，但这样的概率毕竟小得如买彩票中了五百万大奖，多数人还是穿着或大或小的鞋子，局促地生活着。

想果断地挣脱这双不合脚的鞋子，那你必须考虑好以下两个方面，避免赤脚上路。

1. 想清楚自己目前的状况是不是非跳不可

跳槽可能是处于很多琐碎事情之中的一种情绪发泄，多数是在非理性的状态下做出的冲动之举。等到换了一份工作，发现依然会遇到同类问题或者待遇并不如以前的时候，就会对这个举动后悔不已。

2. 谨慎面对老板的挽留

公司离开谁都能照常运转，这跟太阳照常升起是一个道理。

哪里都是卧虎藏龙的地方，实在找不出比你更优秀的，大可以花钱从外面雇来替代你。千万别在递上辞呈之后，面对老板的加薪或升职诱惑而动摇。一般来说，当了解了你萌生去意，他可能已经开始琢磨着找一个或者内部培养一个人来代替你了。尽管你曾经在公司处于核心部门或在老板心目中有重要的地位，一旦做了决定别做有勇无谋的蠢货。有时候，跳脱出来看待问题会比身处迷局来得透彻和清晰，如果认真地审视一下自己，觉得真的干不下去了，那就断然决然地拒绝老板的挽留，果断地重新下一段职场历程。

新公司会给你一个怎样的前景？那些前景是不是你所追求的？是否能更好地体现你的价值？办离职手续"善始善终"的同时，也要着手制订符合实际情况的规划，三思而后行。天下没有完美的老板，你能保证下一个老板不是黑乌鸦吗？

第12杯

怎样解决争吵——情绪管理

"知道你们为什么会吵架吗？"Oscar 站在他办公室的吧台旁，端着红酒杯，如同红酒广告里的优雅绅士。

"Sam 仗着在百特的地位一再违反公司规定。你既然授权让我审核每一项费用，我就应该为公司把关每一笔支出。况且他连发票都没收集齐，就随便报了一个金额送过来，这是在挑战公司制度！我有理由拒绝为他报销，不管他是谁。"刘苏正义凛然地自辩。

"公司有不让总监报销这项规定吗？"

"没有明文规定金额。"

"这就是问题所在。作为老板，我也不想让这种现象继续滋生。你没有错，只是太年轻了，你的行为很直接，但不够聪明，要学会先找到问题的原因，再分析问题是如何开始和进一步发展的。但是，这种分析的结果通常会导致问题的进一步加剧。你完全可以采取截然不同的姿态，终结这个问题，因为这方面的信息会直接带领你找到解决问题的捷径。原因很简单——一旦我们确定了问题是如何结束的，就可以学会更快地终结问题。"Oscar 啜了口刘苏递过来的咖啡。

"你和马丽的事情，我也听说了。你必须学会情绪管理，否则负面情绪就会像多米诺骨牌一样产生连锁反应。举一个例子给你听：你和你的男朋友或者家人会偶尔吵架吧？这很正常，大部分人都可以神奇地预测到这样的争吵接下来会如何发展，只有当事人会忽视，继续在问题的漩涡里钻牛角。想想看，你应该很清楚你至亲的人做什么事或者说什么话会把你逼上绝路。事实上，即使他／她不在场，你也可能会对他／她生气。但是，你把你的情绪控制住，先冷静一会儿，再把注意力聚焦于你们之间的冲突大多数情况下该如何解决，这才是解决矛盾的有效做法——也许你只需要说几句话，这种剧烈的争执就不会发生。办公室里所谓的政治斗争也是如此。一起工作了很长时间的团队发展出了互动的固定套路，这很有效，也很有用，除非这种套路让我们陷入问题之中。当你和一个经常争吵的团队一起工作时，你首先会觉得不快乐，很想逃离，因为你想不出解决的办法。"Oscar像个心理师，一眼看出她的心思。

刘苏安静地坐在他的对面，悉心听着。

他站在一个管理者的角度继续说："可能这是团队里某个人的过错。但是，你必须跳脱出来，学会做不一样的事情，得到更有用的信息，来帮助正在争吵中的你们。"

加班到晚上12点多才到家，房东太太从房间里走出来，关上门吼了一句："别吵着我的猫！以后你必须12点前回来！回来后立刻睡觉！我的猫最讨厌半夜有动静！"

房东依然苛刻，但此时的刘苏已无力争吵，开始换位思考："一个爱猫如命的妇人，心肠能坏到哪儿去？她扔掉我放在冰箱里很久的食物，也许是怕我吃了过期的食物拉肚子；她规定我每晚回家的时间，也许是担心一个女孩子晚上发生意外；她总是要求我在家不许只穿背心短裤，也许是为了让我保持女子的端庄。"想到这儿，刘苏心里开出一朵花。

房东见她半天不吭声，丢下一句就进屋了："嘴一张，手一双，最讨厌只知道默默忍受的温水青蛙，有本事就力争到底！工作是永远做不完的，女人必须要活得精致！早点睡，不然明天怎么有精神起来开工！真不晓得

你老板怎么会看上像你这样活得粗糙又邋遢的女孩子！"

刘苏默默在心里念叨：女人必须要活得精致。是啊，白天陷于无休止的争吵，晚上忙于干不完的工作。如果忘了你是谁，忘了爱自己，你怎么配得上做女人。

很多部门声讨财务流程过于繁冗，找人签字太麻烦，等待报销和付款给供应商简直就是煎熬，每天都要接讨债电话。甚至有人"出卖"了财务部，把刘苏的座机和手机号给了供应商，她俨然成了接线员。

Oscar 帮了个很大的忙，他觉得公司的财务系统还不够完善，让小凡联络了几家软件公司对比一下，做了个报价表给他。最终选了一款价位适中的软件，准备上线，一来所有审核过程无纸化，避免因为老总不在而耽搁；二来信息系统化，财务透明，部门工作会简化许多。另外，不光是其他部门的采购，连财务部内部采购也是有流程的，否则外部会认为财务部监守自盗，压着别人的款不放，自己都报了。凡事留下凭据，是让长舌妇闭嘴的好办法。

划分在财务部的小凡打了报告，办公室打印机的硒鼓要换了。刘苏为财务部集中采购了一批物品。贴心的 Oscar 注意到很多员工自己带了便当盒，特地让刘苏联系采购员买了一台微波炉放在办公室。

5,000 元以下的先由总监签字再给财务报销。销售可以每月提前领取一定的招待费备用金，但次月必须拿发票冲抵便于财务做账，否则拿工资抵扣。既不让下属难做，又给足了 Sam 将军的面子，这变相的福利也在可控范围内。

表3 请购单

项目	品名	数量	单位价格	总金额
1	硒鼓	×	×	×
2	××软件	×	×	×
3	微波炉	×	×	×

		总金额：×元

供应商名称及联系电话		报价
1	向前进办公用品公司	×
2	快乐软件公司	×
3	哈哈哈电器城	×

到货时间及付款条件	
备注	

审批(所有申请)（部门经理）	审批(人民币5,000元以下)（总监）
审核 (所有申请)（财务经理）	审批(人民币5,000元以上)（总经理）

最终审批 （人民币15万元以上）（总裁/首席执行官）		
总监	总裁	人力资源部

★ ★ ★ ★

★第12块方糖★

关心下属，了解其真正需求的老板才是好老板。

第13杯

假发票风波

刘苏兼做百斯特的账，她发现了一些问题。

刘苏："如果发现以前的凭证里有假发票怎么办？"

雅妈："是什么发票？"

刘苏："手写的那种百元普通发票。"

阿桂："手写的就直接撕了换张收据，一样可以入账，总比假发票好。"

刘苏："如果时间长，怎么也补不了发票了呢？"

阿桂："你怎么知道是假的？"

刘苏："在网上查到的，跟发票章不一样，就是假的了，是吗？"

雅妈："是的，最多是补税。"

阿桂："怎么认定是假的，传授传授！"

刘苏："上网查到购票单位，跟发票上盖的章不一样啊！"

雅妈拿过发票仔细瞧了瞧："没有水印，像是套票！"

刘苏："肯定是假的！"

雅妈："百斯特的账你什么时候接手的？"

刘苏："最近刚刚接手，以前是李舒舒的人帮忙做开办期的筹备，有一些费用支出。"

阿桂："不是你经手的，就当没看见。"

刘苏："我怕到时我要承担责任。上面什么签名都没有，开办期的联络人，他们都留了我的联系方式。"

雅妈："找李舒舒，她那里能冲账的发票肯定多得是！"

刘苏："嗯。"

她不知道百斯特的账目里头还藏着比假发票更惊人的秘密。

生产制造企业一般都建在鸡不生蛋鸟不拉屎的穷乡僻壤，财务部每个姑娘为了维持皮肤的最佳状态，午饭后都会在行军打仗的折叠床上小憩一个钟头左右。

刘苏做了一个梦。

这是一个色彩诡异的小庄园，她正和一群游客一同参观令人称奇的宝物……金蛋！仙桃！怎么梦里都是 Sam 以及和 Sam 有关的，这就是日有所思夜有所梦，怕什么来什么吗？

刘苏在这个光怪陆离的梦境里往前走着，身边都是一些帅过基努里维斯的男侍应，走马观花逛了一圈。最后，在一对精致至极的玉镯跟前驻足。

奇异世界里的"导游"像是嘉年华里卖力表演的小丑，极力讨好，卖力推介。

末了，刘苏心动了。没有钱怎么办？她记得包里有张支票。可是包在哪儿？明明刚才背着的呀？环顾四周，大家都在观赏宝物，没人可问。目光突然落到手腕上，这是什么？她低头发现左手绑了一根红绳子，上头系着一枚刻着龙形图腾的金属钥匙。

一个穿着制服的男人走过来轻声问她："亲爱的女士，请问您是否需要帮助？"

在一个完全陌生的环境，刘苏感到恐惧、疲惫、无助，突然有人搭理她，这句问候足以让她感动。

根据男人的指引，刘苏沿着旋转楼梯去寻找山下寄放背包的箱子。告别英伦范儿的花美男，她立即跳上下山的游览小火车。

嗨,怎么会梦见支票? 可能是最近总是舟车劳顿,找总裁签字的缘故吧。

God,铃响了!

这黄粱一梦真误事,还没等刘苏在梦里取回支票买那只玉镯,她已经被闹铃吵醒了。

★★★★★

★第13块方糖★

一旦让假发票入账,将会给财务工作带来很大的隐患和风险,所以财务人员必须学会识别发票。

1. 辨别纸张的品质

正版的发票纸张较有韧性,纸张表面比较光滑,油墨比较均匀,具有光泽;假的发票纸张品质粗糙,容易破裂,字迹模糊。

2. 防伪标签

正版发票上印有椭圆形的"全国统一发票监制章",下环刻制"税务局监制"字样(增值税专用发票下环刻制"国家税务总局监制")。而假的发票一般没有防伪专用图案。

3. 水印

灯光下,假发票水印图案呈浅黑色印痕,而真发票呈无色透明状,十分清晰。也可以用专业的防伪仪紫外线灯照一下,看看发票上有没有荧光防伪标志。

4. 观察发票的刮奖区

假发票刮奖区周边不整齐,比较难刮,并且刮出来的字很模糊,有的密码覆盖层甚至不能刮开。

5. 开立发票品名、对象是否相待

对于购买方而言,应核对销售方的营业执照,对应的公司名称与发票章是否相待。其行业性质里是不是有相关的项目可以开立，如果不是，虚开发票的可能性就很高。

6.电话查询或直接认定

如果上述方法还是无法帮助你确认发票真假，可拨打税务局的纳税服务热线进行查询，或者直接到税务部门进行鉴别。

第14杯

丢凭证——学会承担

公司明年准备上市，所以成立了内审部门，由刘苏负责。连续加班数月，下午去外管办事，顺便带上百特和百斯特的凭证准备回家做审计报告。谁知，快到外管门口时，刘苏突然眼前一黑晕倒过去。等到醒来的时候，整包原始凭证已经不知所踪，这意味着战场上的战士丢了枪。她努力回忆着自己是怎么不省人事的，可怎么也想不起来。恍惚间，她记得外出前喝过一杯水。难道有人下了药？马丽？阿桂？还是……

算了，赶紧补救这个漏洞吧！

新《会计法》第四十二条规定：未按照规定保管资料，致使会计资料毁损、丢失的，由县级以上人民政府财政部门责令限期改正，可以对单位处以3,000元以上5万元以下的罚款；对其直接负责的主管人员和其他直接责任人员，可以处2,000元以上2万元以下的罚款，属于国家工作人员的，还应当由其所在单位或者有关单位依法给予行政处分；会计人员有以上行为、情节严重的，由县级以上人民政府财政部门吊销会计从业资格证书；有以上行为构成犯罪的，依法追究刑事责任。

新《会计法》第四十四条规定：隐匿或故意销毁依法应保存的会计凭证、会计账簿、财务会计报告等尚不构成犯罪的，对单位，由县级以上人民政府财政部门予以通报，可对单位并处 5,000 元以上 10 万元以下的罚款，对于其直接负责的主管人员和其他直接责任人员，可以处 3,000 元以上 5 万元以下的罚款，属于国家工作人员的，还应由其所在单位或者有关单位依法给予撤职直至开除的行政处分；对其中的会计人员，并由县级以上人民政府财政部门吊销会计从业资格证书。若上述行为构成犯罪的，依法追究刑事责任。

Oscar 因为这次离奇的意外事故第一次大发雷霆："你连最重要的东西都能弄丢，你知道这对公司产生多大的损失吗？我不知道我为什么一直给你机会，我只知道现在你犯了很严重的错误，这个错误足够让我改变对你的看法！"

"对不起，最近工作太混乱，我累得晕倒了才……"刘苏百口莫辩，凭证确实是从她手里丢失的。

"都怪我对你的期望值太高。如果这点苦都受不了，趁早嫁人去！"Oscar 语气很重，和当初决定栽培刘苏时完全不同，典型的恨铁不成钢。

自从刘苏做了 Oscar 的助理后，每天做好详细的时间规划，管理自己的作息，几点起床吃饭、睡觉，几点统计数据、做报告，张口闭口都是成本、内控、ISO……就差几点喝水上厕所没写进日程了。她的上司是很有规律和计划的人，她必须与其同步。她以为她的进步，他能看得见。也怪不得领导，这次真的搞大了。错误该怎么弥补？她心里有些乱。

刘苏第一个想到的就是去附近的派出所报案，民警给她做了笔录，并且告诉她：找回来的可能性不大，自己再想想别的法子吧。

从派出所出来之后，她晃晃悠悠去了外管附近的垃圾场，打算碰碰运气。

很多东西丢了就再也找不回来。比如爱情。黎柏一是刘苏青梅竹马的恋人，两小无猜，形影不离。他们的爱情并没有像黎柏一的名字——像柏

树一样坚守如一。

当她需要他时，他总缺席。和他的职业一样，他总是程式化地生活，连陪伴女朋友的时间都是设定好的或者直接取消，多出一分钟都觉得拖沓。即使他们没有分手，这时候陪她在大太阳底下翻垃圾箱的也不可能是他。

找 Kid 吧。

电话打不通。

忙音……

再打，这时候她实在不知道谁能帮她。

还是忙音。

"如果我死了，会有人想起我吗？从鸡叫干到鬼叫，这样的日子还要再继续吗？"刘苏喃喃自语，她觉得自己被一股失败的气味包围着，浑身散发着腐臭味。

她像个病急乱投医的疯子，抱着最后一丝希望拨了魏澜的号码。

谢天谢地，通了！

"你这个笨蛋，站在那儿等我，别动！"魏澜接了电话，立刻就往垃圾场赶。

"我等你。"刘苏呆呆地应他，红着眼落寞地坐在路边，迷茫地看着一辆辆的卡车从眼前呼啸而过。垃圾场的工人走过来让她别坐在马路边，一周前这里曾发生过一起严重的车祸，一个下夜班的工人从厂门口出来，准备过马路的时候，被一辆超载逆行的货车撞了，血肉模糊，腿是肯定废了，人有没有活下来都是未知数。

嗨，还有比活着更可怕的事吗？没有结婚的对象，老妈恨不得立刻把她塞给土豪或者什么机关公务员，哪怕是二婚的只要没孩子都成。现在连工作都快丢了，她觉得自己糟糕透了。要说内心强大，她真心佩服凤姐。全世界的口水都淹不死她，人家照样去了美国，美滋滋地漂亮地活着。她，长得不算太丑，家境不算太差，为什么命运却总是玩弄她？不是每个人都那么好命的。

"我等你"这是刘苏和黎柏一之间的约定。这两个童年伙伴渐渐长大，在社会的漂染下各自有了新的目标和要走的路，白衣飘飘的年代也渐行渐远。她清楚地记得黎柏一出国前对她说："等我去美国镀金回来，我至少可以少走20年弯路，到时候我们就结婚。"后来，他移民了，她也不再等他，这是他们之间最默契的决定。哼，又是美国！美国真那么好？勾引走了她的初恋，连凤姐这样的人物也追逐美国梦去了。美国带走了她最美好的和最不在乎的，只留下不美也无所谓的事物。

"我等你"也是 Kid 与她之间的微妙缘分，但是他终究不是她停靠的车站，就像这路上飞奔的跑车，速度太快，她总是跟不上他的步伐，永远不在同一节奏。

此刻令她怦然心动的却是这个和她一起在垃圾场大汗淋漓寻找丢失凭证的男人——魏澜。他们有共同的爱好——爱看 A 片——American movie。好莱坞电影让她明白：美国是真的好，民主，自由，妞美。

找了一个下午，无果。

失去那包文件，就会失去工作。刘苏设想了无数个下岗后可能会从事的职业，比如在地铁卖手机挂件顺便贴膜，在公园里帮人拍到此一游的景观照，或者去夜市卖烧烤，要么还可以去简单生活弹吉他卖唱。总之，饿不死，也不至于睡大街。

想到这里，她舒了口气，一切就像旋转的木马，没有那么美好，但也不至于那么糟。

魏澜在她身旁坐下，拍了拍她的脑袋："傻姑娘，想啥呢！"

"你觉得我是什么？"刘苏答非所问。

"无价之宝。"魏澜的笑容真好看。

刘苏没有说话。

"别怕，你若失业了，我养你！"他像是猜到了，递过去一瓶矿泉水，眼睛里透着和水一样纯净的色泽。

几天前，Oscar 也许还觉得她是个废物，不管之前做得再好，最终在他眼里还是个结婚给别人生孩子的工具。可现在，有人把她视若珍宝，她有点想哭。

如果，每天都有人这么宠着她，该有多好！

女人不管美若貂蝉，还是丑若凤姐，都需要一份工作。不管是不是 Oscar 认为的"废物"、"蠢材"，既然错误已经犯下，那就勇敢地承担吧。

好在百特和百斯特都在筹建期，暂时没有盈利，只需要集齐所有凭证复印件就没大碍了。最难对付的还是外管，要付钱出去、收钱回来就得提供很多原始资料。

有时候事情未必如你想象得那么简单，但也没那么糟。一周后，刘苏接到外汇管理局那个令她十分讨厌的"扑克脸"官老爷的电话："刘苏，来一趟！"

什么？他是天王老子吗？姑娘心不甘情不愿地放下手头工作奔赴让她无比头痛的鬼地方。

这趟倒真的没白跑。

"给你的！""扑克脸"递给她一个手提袋。

刘苏惊呆了，说不出话来，没想到"失踪"了一个月的凭证竟然会出现在这里。

"物归原主，是你的没错吧？""扑克脸"居然笑了。

"谢谢，谢谢，谢谢你！"刘苏喜极而泣。

没看错，官老爷也有七情六欲呀，他安慰道："做会计可不能这么粗心呀！最近一直在忙没留意这包东西，今天打开一看是你们单位的会计凭证，才想起给你这个小迷糊打电话。惊喜吧！"

"嗯，大大的惊喜！吃一堑长一智，工作量太大不能再硬撑！真的太感谢您了！怎么会在您这里？"

"门卫说，一个流浪汉送来的。""扑克脸"也觉得这事蹊跷。

原来，这世上真的有奇迹。从前路过外管去办事的路上，常常看见垃圾箱旁有个不吃不喝，如饥似渴抱着书的流浪汉。有天，她还给这个酷似犀利哥的人送过一个汉堡包。这个时代，面包和精神食粮都需要。

谢天谢地！

次日，Oscar 收到刘苏的道歉邮件，随信附上设立财务部档案室的管理意见，禁止财务人员将凭证带出公司，并在档案室设置监控装置，杜绝凭证丢失事件再次发生。

★ ★ ★ ★ ★

★第14块方糖★

绝大多数人都会在职场生涯中犯些错误，犯了错误之后，你应该勇于承担责任，而不是责备他人、推卸责任，否则只会让你的错误更严重。首先，你得向老板或上司真诚地道歉，取得主动权，并表示愿意承担责任，告诉他／她接下来你会采取什么补救措施。还应反思一下自己为什么会犯错，分析下原因，如压力、对工作漠不关心、粗心大意等，制订一个今后如何规避这类错误发生的计划，并呈交给老板或上司审阅。他们不但不会责罚你，反而会欣赏你，为公司做出如此到位的防护措施，并告诫他人不再重蹈覆辙。

第15杯

预算——漂亮的翻身仗

刚经历完信任危机，风波又起。

"Sue，来我办公室，请你喝咖啡！"下班前，Oscar 向刘苏招招手。

工作了一整天，刘苏已经有些倦意。此时，整个味蕾充满了 Espresso 的苦涩。奇怪的是，喝惯了，这种味道反而有一股沁入心脾的清香，这和中国人的茶文化异曲同工吧。

"预算管理报表？"刘苏接过一沓厚厚的资料。

"嗯，给你个有趣的活儿！"

"……"刘苏沉默数秒。

"不做？"Oscar 挑起眉。

"我可以说不吗？"刘苏试探。手里的活儿实在忙不过来，她已经不是第一次向上级提议加人手。

"不可以！"Oscar 果断回绝。

"那为什么还要问我意见！"刘苏低头，看脚，只敢在心里回嘴。

"我知道你在想什么。"Oscar 今天的语气和杯中的 Espresso 一样，味重意长，他继续说道，"财务部确实人手短缺，这个词在英文字典里是'Short of hand'。可在我的字典里，如果手臂太短而触及不到关键领域，即使我在财务部安放一整支军队，永远还是缺人。而你，永远也只是个小会计！"

"我宁愿当个小会计，不闻窗外风雨，安心做账。多劳多得不假，但真心害怕自己因为过劳死而登上社会新闻。"刘苏心想。

看刘苏一语不发，Oscar将资料放在刘苏手里："No pains,no gains."（一分耕耘一分收获。）

"嗯！"刘苏接下军令状。还有别的办法吗？

给一巴掌还得赏块糖，这是高层管理战略，Oscar随即用欧洲人灿烂的笑容温暖了刘苏："去做，我支持你！"

后来有供应商投诉，支票取不了现。

原来预算出了点问题，Oscar怒了：资金链怎么会断？丢人现眼？公司难道没有钱了吗？别人会以为咱们财务是吃闲饭的！你做的是什么？预算报表做得一塌糊涂。

熬了一个通宵，刘苏把预算提交上去，费了好些工夫，每项费用预支都列得清清楚楚。

N份报表交上去，都统统打回来。

"你今年多大？"

"二十六。"

"嗯，还年轻！"

"？"

"看看你还有没有机会转行。"Oscar是那种不怒而威的领导，说话不重，但能让你连轻生的念头都有。

交了好几次，报表都被打回。

刘苏一点自信都没了，眼泪直打转。

男人当领导，最见不得女下属的眼泪，语气缓和了些："你得找到线索。"

"什么？"

Oscar："你没错，是你的线索出了问题。"

"什么线索？又不是侦探破案！"

"还真被你说对了，做会计就得有打破沙锅问到底的精神，知晓源头，了解去向，这就是线索。你关心的是报表怎么做得漂亮，我关心的则是公司的运营动态。你和马丽就像两个路人，手提肩扛一位，背包娉婷一位，同路不同量。你得放下光鲜小白领的光环，丢下那些包袱。"

"我的包袱？"

"是的，据我观察，你并不是一个喜欢扎堆的人。忘掉你之前的东西，刷新，从零开始。"

"嗯。"刘苏擦干眼泪，点点头。

"一个好的财务需要具备与全世界打交道的能力。"好个夸张的解释。

刘苏狐疑地望着他。

Oscar 继续说："你的包袱就是躲在自己的蜗牛壳里闭门造车，你该丢下包袱，看看外面的世界，那些真实发生的和你报表上显示的是不是一回事。你做了一张报表，你的上司期待的答案和你给出的答案一致吗？如果不一致，你就别费心再钻研教科书了。批评你并不可怕，对你失望才可怕。"

Oscar 的一番激励起了些作用，每天给各个部门领导打电话联系会议事宜、报表传递成了刘苏的工作重心。大多数时候，她宁愿窝在财务部的避风港里当她的教条主义者。她承认，她不够八面玲珑。

每天上午做三张报表，下午联系，晚上更新报表，凌晨接受新的回执，周而复始，就这么熬着。

十二点零一分，刘苏正准备从包里掏出钥匙。房东太太神出鬼没地从对门探出脑袋："你又晚了！上次怎么跟你讲的，没长耳朵吗？晚归是要受罚的！"

"晚了一分钟而已。"刘苏指了指手表。

李太太的眼白在夜色下显得有些惊悚，她压低了嗓门："一分钟，你知道一分钟可以做多少事吗？大半夜不跟你吵了，罚你明天帮我搬纯净水桶！"

砰，那边已合上门。

刘苏冲完澡，擦干挂满水珠的短发。这么多年了，她还是最喜欢自己齐耳短发的模样，也算另一种意义上的致青春。

睡不着，干脆翻身爬起来，打开那盏和兔子从夜市淘来的古董灯。眯着眼睛，在台灯下翻阅资料。

什么是预算管理？

预算管理是实现预算目标的管理活动，包括：预算制定、预算实施和实施预算过程中的预算控制多方面的内容。预算管理的作用包括明确目标、控制日常活动、考核业绩和协调部门关系。

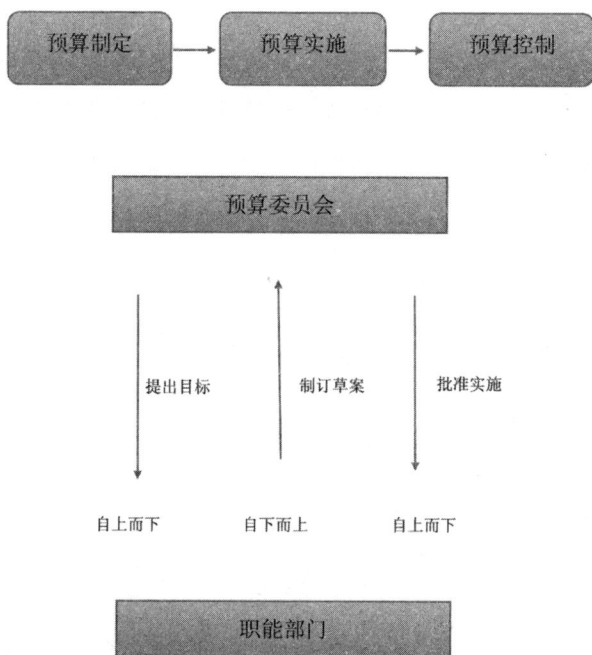

```
┌────────┐     ┌────────┐     ┌────────┐
│ 预算制定 │ ──→ │ 预算实施 │ ──→ │ 预算控制 │
└────────┘     └────────┘     └────────┘


┌──────────────────────────────────┐
│            预算委员会               │
└──────────────────────────────────┘

      提出目标      制订草案      批准实施


     自上而下      自下而上      自上而下


┌──────────────────────────────────┐
│            职能部门                 │
└──────────────────────────────────┘
```

图3　预算编制程序

闹钟轰炸，花了10分钟洗漱，换了件浅色牛仔服，匆匆拿了块面包便出了门。短发显然更适合职场白骨精，因为第二天早晨完全不用费心思打理，头发甩甩，大步走开。

上班不到五分钟，所有部门经理及副总、总经理都收到来自Sue的早安邮件。

通　知

兹定于2014年10月10日上午9:00，在办公楼主楼503会议室召开2014年预算准备会（第一次会议），讨论确定2014年经营目标。请下列部门负责人及相关人员届时参加，全部列席，不许请假，并带上本部门准备的相关文件与资料。

总经理、副总经理、财务总监、生产总监、销售总监、设备部负责人、采购部负责人、仓库负责人、人事部负责人、技术部负责人。

以上部门负责人、信息提供者请携带相关分析资料准时到会讨论。

请接到通知后在回执上签字。

多谢!

刘苏

财务总监助理

Tel:12345678900

Email: 123456@better.com

五分钟后，她收到了第一个回复，来自她的上司Oscar。

通知回执

会议通知已收到，能准时参加，谢谢！

Oscar

　　心细的 Oscar 不忘自己会支持刘苏工作的诺言，将邮件转发给相关负责人。有了财神爷的撑腰，不到一刻钟的工夫，几乎所有收到邮件的部门负责人都给予及时回复，无一缺席。

　　会议如期举行，刘苏以财务总监助理的身份出席，并主持了这次对于她来说至关重要的会议。

　　销售总监 Sam 首先汇报了目前百特的营业状况、市场反馈信息、次年分析预测以及目标销售收入规划。

　　"到目前为止，已签订、须次年供货的所有销售合同我会让我的助理汇总发送财务部。"Sam 是个口若悬河的台湾人，见惯了大场面，客户从身家过亿的老板到私人小作坊，三教九流，一一交过手。唯独很头痛 Excel 报表，他上报给总经理及董事会的所有资料都必须借助他人之手，一张报表能要他的命。

　　"我们还需要销售部本年各种销售费用的使用情况和下半年促销活动、广告宣传的规划，以及预计的费用支出情况。"刘苏补充道，"哦，对了，还有最重要的，我们必须了解明年公司的销售利润率。"

　　"这么细？"Sam 问。

　　"是的！"

　　他让助理拿来一叠资料，往会议桌上一扔："这是本年和明年的销售工作，还没有整理好，需要的话拿去！"

"咳咳咳……对不起，Sam 总监，我们需要准确和完善的数据资料！"刘苏冷不丁被口水呛了下，即刻收起紧张，攥紧了拳头，用站在闸刀前的刘胡兰的口吻继续说道。

瞄了一眼身旁的 Oscar，他一直没发话，只是赞同地点点头，意思是：这就对了，做我的助理，必须拿出这等不卑不亢的魄力来！

Sam 脾气火爆，本来就觉得财务麻烦，天天催着表格没个完。他嫌刘苏教条主义："和钱有关的数据我们都提供给你们，你说的这些东西财务部去算不就行了吗？有必要那么复杂吗？我们做销售的天天在外跑街，你们天天在办公室吹冷气。几个破报表都完成不了，老板请你们来可不是吃闲饭的！"

销售历来是公司的核心部门，气焰嚣张是常事，加之 Sam 吃了枪药的火爆脾气，财务部在这场会议上一开头就被杀了锐气。其他部门则隔山观望，等着一场好戏上演。

刘苏反驳："公司所有的事务都与钱相关，如果 Sam 总监能把与钱无关的项目报上来，财务部就能把与钱有关的一切数据报表全部搞定！"

Sam 没发话，尽管生气，但小妮子说得没错——公司有什么是和钱没关系的？

没有 Sam 的刁难，会议气氛渐渐轻松起来，大家也因为刘苏的一番话暗暗敬佩这个敢说话的丫头。

第二个提交报表的是技术部门的头儿潘清，很实诚的湖南人。除了身怀好技术，听闻还是个深藏不露的厨艺高手，炒得一手好菜，最拿手的当属湘菜经典小炒肉、虎皮青椒、剁椒鱼头。报表也和人一样实诚：新产品的开发情况、技术改革情况、新增设备清单、技术发展规划、本年项目计划及预算，甚至连财务部最需要的项目要求及人力资源需求情况、本年质量检查结果及质量分析都在报表里列明。

"请问还需要技术部提供哪些支持？"潘清陈述完 PPT 上的资料，问道。

　　"感谢潘总为财务部提交了几近完美的资料，根据这份报表，我们会和人事部商讨关于招聘技术人员的薪酬问题，这涉及人力资源成本。而关于新增设备，只要有老总签字，财务部必定和采购部配合准备好充分的资金支持，尽快购入能提高生产率的设备！"刘苏完全不吝啬赞美，接着补充道，"如果您能将本年度所有设备的维修、保养情况，与同行业、同水平相比的设备更新需求，下年度的设备维修、保养、更新规划及费用预算也报给财务，这会让我们这个人手短缺的部门万分感激！"

　　"没问题！"潘清答道。技术骨干从来不藏着掖着，有一说一，刘苏提及的这些资料整理起来虽说需要点时间，但也不是难事。不像销售那个黑匣子，倘若暗箱操作起来，必定会有不可告人的信息不想公布。

　　后面几项报告陈述很顺利，很快就轮到外号"黄世仁"的生产总监黄石声。车间工人轮班倒，总监也忙得团团转，所以提供的报表也是草草了事。

　　"我们需要重新核算产品的单位变动成本、实现最大生产力的规划以及实现最大生产力必需的投入，通俗点说，就是需要确定百特生产多少产品，这些产品需要多少人、多少原料。"

　　"资料里不是有吗？"

　　"如果能再精准些会更好！"

　　刘苏平时喜欢看乐嘉的性格色彩学，"黄世仁"和 Sam 的性格不同，Sam 属于红色性格，而"黄世仁"是黄色性格。

　　Oscar 频频点头，心想：这小妮子快赶上新闻发言人的水准了，说话一套一套的。很有大将之风，值得培养。

　　Oscar 简单说了几句："感谢大家的出席，一会儿刘苏会发放财务部的表格格式给大家，做好填空回复即可，以备董事会所需的年度预算，散会！"

　　面对面的交流确实比邮件来往更有行动力，收集完所有情报，刘苏就按照 Oscar 所说的那个线索重新开始她的预算之旅。

年度预算一般来说，分为两种：营业预算和财务预算。

对内，财务预算需要做出预计资产负债表、预计损益表、现金预算、资本支出预算。

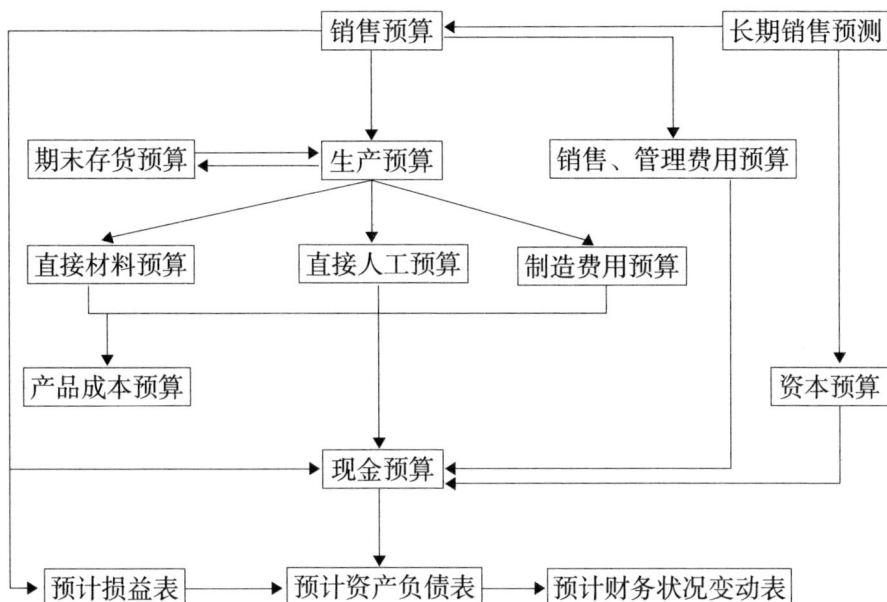

图 4 全面预算编制结构和系统流程图

内部报表轻车熟路地做好，接下来就是老板们比较关心的营业预算。

表4 百特公司生产预算表

××××年×月×日

	一季度	二季度	三季度	四季度	全年
预计销售量	5,000	15,000	20,000	10,000	50,000
加：期末产成品存货量	3,000	4,000	2,000	2,000 ➤2,000	
产成品需要量合计	8,000	19,000	22,000	12,000	52,000
减：期初产成品存货量	1,500	3,000	4,000	2,000	1,500
生产量	6,500	16,000	18,000	10,000	50,500

注：期末产成品存货量按下季度销售量的40%储备，年初期末产成品存货量为1,500件。

销售成本＝期初产成品存货成本＋本期生产成本－期末产成品存货成本

表5 预计现金支出表

××××年×月×日

	一季度	二季度	三季度	四季度	全年
应付账款期初余额	9,500				9,500
一季度购料额	8,220	5,480			13,700
二季度购料额		19,440	12,960		32,400
三季度购料额			20,640	13,760	34,400
四季度购料额				12,450	12,450
合计现金支出	17,720	24,920	33,600	26,210	102,450

表6 百特公司制造费用预算表

××××年×月×日

	成本项目	金额费用			
变动制造费用	间接人工费用	20,800			
	间接材料费用	30,000			
	维护费	13,000			
	水电费	17,000			
	合计	80,800			
固定制造费用	折旧费	25,000			
	维护费	21,000			
	管理费	15,000			
	保险费	40,000			
	合计	101,000			
	一季度	二季度	三季度	四季度	全年
预计直接人工工时（小时）	5,200	12,800	14,400	8,000	40,400
变动制造费用分配率（元/小时）	2	2	2	2	2
预计变动制造费用（元）	10,400	25,600	28,800	16,000	80,800
预计固定制造费用（元）	16,500	34,000	34,000	16,500	101,000
预计制造费用（元）	26,900	59,600	62,800	32,500	181,800
减：折旧（元）	6,250	6,250	6,250	6,250	25,000
现金支出的制造费用（元）	20,650	53,350	56,550	26,250	156,800

注：变动费用分配率 = 变动费用制造费用合计／标准总工时 =80,800/40,400=2 元／小时

固定费用分配率 = 固定费用制造费用合计／标准总工时 =101,000/40,400=2.5 元／小时

表7 百特公司销售及管理费用预算表

××××年×月×日

	一季度	二季度	三季度	四季度	全年
预计销售量	5,000	15,000	20,000	10,000	50,000
单位变动销售管理费用耗用额（元）	1.5	1.5	1.5	1.5	1.5
预计变动销售管理费用耗用额（元）	7,500	22,500	30,000	15,000	75,000
固定销售管理费用					
广告费	25,000	25,000	45,000	25,000	120,000
管理人员工资	32,000	32,000	32,000	32,000	128,000
保险费	20,000	—	10,000	—	30,000
财产税	—	—	—	12,000	12,000
固定销售管理费用合计（元）	77,000	57,000	87,000	69,000	290,000
预计销售管理费用合计（元）	84,500	79,500	117,000	84,000	365,000

表8　百特公司资本预算表

××××年×月×日

项目	一季度	二季度	三季度	四季度	全年
购置生产设备	20,000	10,000	10,000	10,000	50,000
支付股利	10,000	—	10,000	—	20,000
合计	30,000	10,000	20,000	10,000	70,000

表9　现金预算公式

	期初现金余额
+	现金收入
	可供使用的现金
–	现金支付
–	最低现金余额
	现金溢余或短缺
+	借款，或-还款
	期末现金余额

表10　百特公司预计损益表预算表

××××年×月×日

销售收入	1,000,000
减：销货成本	480,000
毛利	520,000
减：销售及管理费用	365,000
利息费用	8,000
利润总额	147,000
减：所得税	68,000
净利润	79,000

表 11　百特公司预计资产负债表预算表

××××年×月×日

	资　产		负债与所有者权益		
项目	期初余额	期末余额	项目	期初余额	期末余额
流动资产			流动负债		
现金	31,000	38,750	应付账款	9,500	8,300
应收账款	10,000	60,000	流动负债总额	9,500	8,300
直接材料	2,500	2,750	长期负债		
产成品	144,000	19,200	长期借款	100,000	100,000
流动资产总额	187,500	120,700	长期负债总额	100,000	100,000
固定资产			负债总额	109,500	108,300
土地	80,000	80,000	所有者权益		
房屋及设备	150,000	200,000	普通股股本	100,000	100,000
减：累计折旧	64,000	89,000	未分配利润	44,400	103,400
固定资产总额	166,000	191,000	所有者权益总额	144,400	203,400
资产总额	353,500	311,700	负债与所有者权益	253,900	311,700

注：1. 期末应收账款＝四季度销售额 ×30%=200,000×30%=60,000

2. 期初产成品成本＝期初产成品数量 × 单位成本=1,500×9.6=144,000

3. 期末应付账款＝四季度材料采购金额 ×40%=20,750×40%=8,300

4. 土地、长期负债、普通股股本三项未发生变动

5. 期末未分配利润＝期初未分配利润＋本期净利润－本期发放股利=44,400+79,000−
20,000=103,400

表12　三张财务报表之间的关系

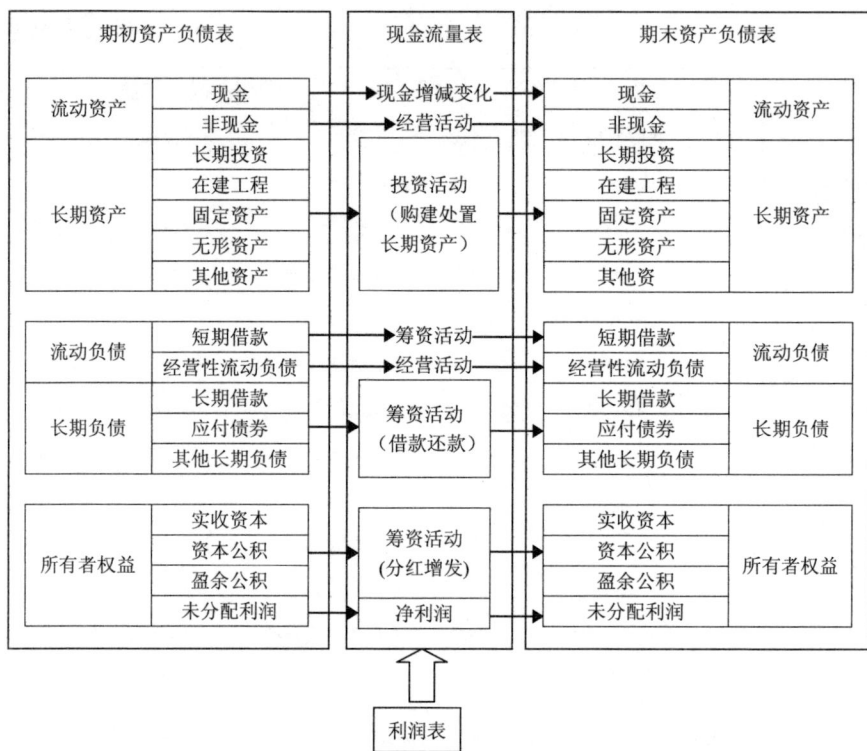

期初资产负债表		现金流量表	期末资产负债表	
流动资产	现金	现金增减变化	现金	流动资产
	非现金	经营活动	非现金	
长期资产	长期投资	投资活动（购建处置长期资产）	长期投资	长期资产
	在建工程		在建工程	
	固定资产		固定资产	
	无形资产		无形资产	
	其他资产		其他资	
流动负债	短期借款	筹资活动	短期借款	流动负债
	经营性流动负债	经营活动	经营性流动负债	
长期负债	长期借款	筹资活动（借款还款）	长期借款	长期负债
	应付债券		应付债券	
	其他长期负债		其他长期负债	
所有者权益	实收资本	筹资活动（分红增发）	实收资本	所有者权益
	资本公积		资本公积	
	盈余公积		盈余公积	
	未分配利润	净利润	未分配利润	

利润表

　　公司流动资金周转出现了问题，问题很明显：需要极大地提高营业额来弥补逐渐增加的成本。信贷额度已经被拉伸到了极限。Sam提出的解决方案是增加额外的广告预算，努力扩大销售额，公司"很有必要"投资建立一个大型网站，他的观点得到了市场营销经理的极力赞同。刘苏则设计了一个费用控制项目，她坚持认为公司必须花大力气进行成本控制。现在容易想象到矛盾之所在——不努力进行销售（这需要花钱），就不会有营业额的增加；没有成本控制（通过费用控制可以提高利润率），就不会有现金流方面的改善。我们可以预见后续的冲突——销售人员希望加大投资，但是财务经理希望节省成本。

　　Sam指责马丽妇人之见、目光短浅，马丽反过来指责公司销售没有节省成本的观念。销售人员指责财务经理不相信公司的实力，财务经理反过来指责销售人员不面对公司财务现状，等等。如果这样的讨论进行下去，这样的相互指责也会继续。

这时，Oscar 并没有问"谁先开始指责对方的"、"谁对谁错"、"谁应该承认错误"这些毫无益处的问题，而是采用更有效的办法，他问道："你们是怎么结束争吵的。如果达成了一致，你们会做什么不一样的事情？"

他们停止了争吵。

一句话的力量，有时抵得上千军万马。

★ ★ ★ ★

★第15块方糖★

管理者更关注问题解决之后的事，而不是聚焦于问题是如何发生的与寻找解决方案。平时能抓业务，更能带队伍，才称得上是优秀的管理者。

第16杯

资深会计离职引发的思考

上午九点，办公时间。

行政部的几个小姑娘头靠头凑在前台聊八卦。

"天越来越热，真想跳进冰桶里！"永远吃不胖的小西嚼着麻辣味的薯片抱怨着，丝毫不担心吞进肚子的卡路里。

"网上推荐了几个法子：第一，想想你喜欢的人，心凉半截！第二，想想自己的月收入，心拔凉拔凉地！第三，想想自己的岁数，后背嗖嗖窜凉风！最后一招，查一查你的银行卡余额，再想想欠款，然后，把电褥子插上盖上棉被睡觉吧。""段子王"李婧摸出手机，熟练地打开微信朋友圈，给大伙儿念了段网上盛传的解暑凉大法。

"哎，工资真叫人心寒。我感觉我就像个快要离宫的老宫女，没攀上高枝又失了青春，连回家养老的钱都没攒下几个。活着真没劲！"靓靓怕肥，冲了杯苦荞茶，一副怨女模样。

"给你来点劲爆的八卦：雅妈月底离职！"小西意犹未尽地吮了吮手指头爆了个本月公司特大新闻。

"要是我哪一天被通知：你明天不用来上班了。我肯定要哭死！"李婧大胆地推测。

靓靓捧着马克杯，幽幽冒了句："你真笨，雅妈是跳槽好不好！人往高处走，水往低处流，也是人之常情。肯定是下家给了更高的薪水和职位呗！"

几个丫头叽叽喳喳头靠头热火朝天地讨论着。刘苏经过前台的时候，看了看这几张精致的面孔，浅笑：哪能一跳就能够着天。如果员工都把时间放在八卦上，该哭的是老板啊！

辞职，需要多么大的勇气。在外企，拿着高薪挎着名牌包包，吃着碗里看着锅里的姑娘多了去了。

财务部最元老最低调的雅妈居然选择了离职？不为别的，只因为另一家公司离家更近些，收入比百特低。她说，这样会空出很多时间陪孩子，照顾家庭。

刘苏未婚，自然无法体会。青春过半，她常常会感叹，铿锵而动荡的青春，和岁月静好的生活，哪个好？

雅妈一边对照交接单，一边和她聊天："我这样的凡人俗子就是不喜欢折腾的，我向往的生活是这样的：有一份稳定的工作，医保、社保齐全，每年有假期，有个收入高于自己的丈夫和可爱的孩子，周末一同去图书馆或者动物园，每天没到下班就计划着买什么菜给他们做晚餐，信用卡定期还，每年存一笔钱和家人外出度假，足矣。"

"很奇怪，我并不向往那样平淡的生活。"刘苏心里的小魔鬼好久没溜出来晒太阳了，她也曾质问自己：为什么未曾拥有过一个重金属的青春，嘶吼着、铿锵着。答案是，她不是张爱玲，不是三毛，也不是林徽因。她只是个普通人，普通的会计。和99%的职业女性不同的地方在于，她会在工作之余，花三分之一的业余时间写文章，让自己从理性的工作中脱离出来。

"呵呵，那是因为你还没有进入围城。假如重塑自己就像去超市买个菜一样容易的话，我会毫不犹豫地回头把自己的青春敲碎了，好好折腾一番。可我是个传统女性，你倒是还有机会让自己的青春继续发光。"可能是要离开了，雅妈愈发像个友人一般同她说话。

"哈哈，时光不倒流，人各有志。没准我这样的文艺女青年也愿意为一大家子洗手做汤羹呢？"

"但愿这个人快点出现。"雅妈真心地微笑。

财务人员交接清单

(1) 交接管理合同及清单，并核对金额。

(2) 交接以前年度的所有凭证、所有账本。

(3) 财务章交接。

(4) 进行银行对账单和账目的核对。

(5) 交接发票，并核对数量。

(6) 交接最近 3 年的纳税申报底单。

(7) 公司进出货往来相关的账本交接，有利于了解进货成本和渠道。

(8) 各类总账、明细账核对后填写相关交接报告并由负责人签字。

交接人：   接管人：

××××年××月××日   ××××年××月××日

"托你的福，会有的。说正事，我们需要做以下的交接：

咱们尽量在你离开百特之前的一个月内把以前的账核对一次。如果出现差错的话，可以及时解决。所有交接单找 Oscar 签字，我们的交接差不

多就 OK 了。"

"如果人手不够，新公司是辅导期，外管、税务需要开会什么的，在没有找到人之前随时叫我。"雅妈主动请缨。

"好的，谢谢雅妈友情客串。"刘苏不舍地拥抱了这个共事不久却建立了深厚革命友谊的朋友。

交接工作进行得很顺利，雅妈也没有像阿桂那样留一手，她毫无保留地悉心解说所有存在问题的账务。

"雅妈交接完了？"Oscar 问道。

"嗯，全部按照流程走完。"刘苏公事公办，关系再好，工作流程总要走一遍的。

"雅妈因为身体原因，月底离职。刘苏安排大家吃个饭，公司报销。"只有刘苏知道，健康问题只是辞职的一个说辞罢了。

"好！"刘苏为即将脱离苦海的雅妈开心。私底下，她们已经相处得很融洽，雅妈告诉她，自己已经找好了下家。唯一让刘苏愁眉不展的是，阿桂即将休产假，雅妈离职还未招到合适的人，这个过渡期估计也得让自己顶岗了。又要疯忙一阵子了！

"我让雅妈把本月的账目全部做好，暂时交接给我吧，因为人事部那边回复新人还没有招到。"刘苏主动接过重担。

"嗯！离职工资算好，邮件我就行。"Oscar 叹息，只能如此，还能怎样。

次日，因为要招替代雅妈的新人，刘苏去了趟 Kid 的办公室，两人谈完话，她面露难色地回来了。

像刘苏这个年纪的职场女性，就像高压锅里的小鲜肉，正面临着事业、感情、生活的诸多选择。她的纠结源于必须在人生的十字路口不停地做选择题。

升职加薪是一些女性的终极职场奋斗目标，但是，在升还是不升的问题上依然有许多难言之隐。

"刘苏，你最近厚积薄发，Oscar常常在我们面前夸你是黑马！听说总部会在其他城市再建分公司，我现在有了宝宝，肯定没机会。你在助理的位置上多做几年，没准以后经理的位子就是你的，咱们都跟着你混！"阿桂摸着渐渐隆起的肚子，夸张地叉着腰，活像鲁迅笔下的"圆规"女士。自从有了孩子，她的性格180度大转弯，待人也和气了，也不和人置气了，连说话都温柔了许多。她说，这叫胎教。

乐观的她并不知道，人事部已经对她下了"追杀令"。因为公司经济不景气，Oscar打算裁员，Kid反映其他部门不配合，建议Oscar从自己部门下手，杀一儆百，其他部门才会乖乖听话。找阿桂谈一谈，劝退。公司养一个做不了事的孕妇，不值得。这是上层的职责，盘子就这么大，分的人多了，人均自然就少。盘子小了，人必须精简！

"雅妈是元老，又是资深会计，她要是不走，升职的可能性比我大。"刘苏埋头做Excel表格，那是Oscar需要的内部报表，听着阿桂的"奉承"停止打字，扔给她一只橙，"你呀，好好努力，生完孩子又是一条好汉，机会有的是！"她不知道该怎么向这个乐观的准妈妈开口。

"我们是集团公司，我在单位干了十来年，好不容易在百特安定下来，在这个城市买了学区房，孩子上了最好的学校。如果因为晋升就要调到外地，我宁愿放弃。我可不希望家人跟着我过颠沛流离的生活。"雅妈道出了自己的想法，在事业和家庭之间，她永远会把天平偏向家庭。她觉得如果为了一个高职高薪水的工作放弃了现在美好和谐的家庭，不值得。

如果结婚生子，职场晋升真的就无望了吗？

刘苏陷入了沉思，咖啡涩涩地入了口。

晚上，兔子领着几盒烤串到访。

听了刘苏悲催的现状，兔子嘲笑刘苏是朵奇葩："人家结婚生子关你什么事！你还是管管自己吧！有时候真不懂，以你的条件完全可以找比那个魏澜好千百倍的男人。黎柏一多金，Kid温柔。你怎么偏偏就选了他？

除了是个阳光型男，没钱没地位，你图他什么？"

"黎柏一是高富帅，我曾经非常非常迷恋他。我喜欢的，别人也喜欢。和他在一起，我得提防所有对他有好感的姑娘。后来他有了自己的追求，我们分隔一个太平洋的距离，渐行渐远。分手之前，他给我打过一个电话，说他在美国发展不顺，很孤单，希望我过去支持他。我没有为爱走天涯的勇气，也不愿放弃现在奋斗所得到的一切，希望他能回来。可他没有，宁愿在美国刷盘子，给人剪草坪，也不愿回国。不是每个美国梦都能实现，他在国内出类拔萃，到了美国就不是精英了。路不同，分道扬镳是迟早的。这段爱情是刻骨铭心的，我会把它珍藏在心底。"

"要是他回来向你求婚呢？"兔子顾不上形象，大快朵颐地将一块烤肉送进嘴巴。

"这百分之 0.0001 的可能，我同样会拒绝。"刘苏漫不经心地咬着竹签。

"为什么？他的家境那么好，听说他爸爸有好几栋别墅，公司资产少说也上亿。你怎么那么傻？"兔子不解。

"门当户对很重要。"刘苏一本正经地回答她。

"天，你这个 80 后这么老土。"兔子选了串年糕，塞进刘苏的嘴巴。

"没听过一入豪门深似海吗？你看看娱乐新闻，就知道那些嫁给富豪的女明星下场有多惨。他是白马王子没错，但我不是灰姑娘，生活也不是演偶像剧。家庭背景悬殊这么大，想要成为一家人谈何容易。"刘苏嚼着年糕，吃力地回答。

"那 Kid 呢？家境虽然一般，但人家年纪轻轻就做了高层，绝对的潜力股！"

"读书时他是大众情人，偏偏只对我好。工作了几年，我们重逢，大家都是社会人，改变了许多，我们在价值观上有很多的不一致。"刘苏的心像一汪清泉，她知道她该选择什么样的灵魂伴侣。

"就算他俩都不符合你的标准，比魏澜优秀的也大有人在啊！小时候向往白马王子，长大了找男人的时候为什么要降低标准呢？"兔子疑惑地看着她。

"他虽然生在普通家庭，开着一间并不赚钱的咖啡馆。但他烟酒不沾，会做菜。最让我看中的是他有一个健康民主的家庭。"

"他们家不就是普通工薪阶层吗？"

"我们都在并不富裕的家庭中成长，相知相惜。他为人仗义，也很善良。他像个暖水壶，看着暖和，却有个坚硬的壳。走近了，你就能感受到他的温度。有一次去他父母家吃饭，他妈妈告诉我，她并不期盼自己的孩子出人头地、飞黄腾达，只希望他有独立的生存能力，并且尊重他开咖啡馆的决定，只希望他活得开心自在就好。"

"听起来倒是蛮让人感动的。你这一根筋的脑袋还真是水滴不进、针插不进。"

"别说我啦，听说你和你的亲爱的又掰了，你妈不着急？"

"怎么不急啊，我妈现在是完全不敢在我面前提给我找对象这事。我呢，其实也不清楚自己到底要找个什么样的。找个比我挣得多的吧，我自己有压力；找个和我挣钱一样多的吧，又没意思；找个比我挣得少的呢，那我脑子肯定有病！你知道我妈那个出土文物是怎么劝我的吗？"兔子越说越夸张，干脆学起她妈妈的腔调，"我们那个年代找对象啊，就两个原则：要么是学霸，要么是技工。学好数理化，走遍天下都不怕；学了车钳刨，到哪儿不愁没人要。二选一。可我看到技术宅男就联想到满屋子的臭袜子，想到学霸就能看到我八十岁的生活该有多枯燥。所以我就跟我妈发狠：以后再给我介绍对象，我就永远不回家。"

"哎，我看你是该吃药了！"刘苏捡起手边的抱枕狠狠向那个矛盾的姑娘砸过去。

知道自己要什么，这很重要。

★★★★★

★第16块方糖★

什么才是值得？

结婚？不结婚？何时结婚？这些问题困扰着很多女性，结婚对有些职业会产生一定的影响。职场中，很多女性在晋升的路上会遭遇到家庭和事业的碰撞。进入职场前做好自己的职业生涯规划，根据职场中的变化适时调整自己的航向，一旦选择就不要心存悔意，也不要轻易放弃。

"不想结婚！"经常听到很多女性在繁忙的工作中歇斯底里地发泄，分析很多女性在结婚问题上犹豫的原因，工作压力大首当其冲。工作上的压力使得很多女性对结婚心存恐惧，也就无法从中获得乐趣。心理学家认为，大部分职业女性有较高的文化，不菲的收入，如果将这些转移一部分去构筑自己的情感世界，也许生存状态会更完美。

在谈恋爱的过程中要适度给感情增加一些调味品。其次要学会放松自己。另外，尝试把生活中的压力罗列出来，然后采用各个击破的方式，将那些所谓的压力逐渐化解。

第 17 杯

裁员保卫战

除了雅妈，还有件事让刘苏忧心忡忡。

"最近 Sam 那边一直传来订单不断被取消的消息，Oscar 看了预算、现金流和财务报表后，发现公司成本过高，造成太大的经营风险，决定裁员。"刘苏在下班的时候，单独找到阿桂。说这些的时候，她完全就像个电视台的新闻播报员，机械地告知对方一个惨绝人寰的消息，如此而已。

"我中招了？"刘苏没有开门见山，阿桂小心翼翼地试探。她想知道刘苏口中提到的裁员名单上是不是有自己的名字，隐约有种不祥的预感。

"雅妈离职，我们打算再招个新人进来，你大着肚子不适合频繁出差和跑银行，但你的工作还需要有人做，这样就得招两个新人进来，用人成本大大增加，所以他们希望你主动离职……不过你放心，这本身就是不合法的，只因公司确实有困难，为了让现金流活起来，Oscar 不得已才从自己人下手。人事总监 Kid 也希望我能和你谈一谈，看看你有什么要求，公司会补偿你的。"刘苏第一次觉得说话是那么难的事情。

"如果真的要开除我，只希望公司能多给我一些经济赔偿。毕竟我大着肚子也找不到工作，产后还需要恢复一段时间才能谋到差事……"阿桂的声音越来越低，神情有些落寞。换做从前，她绝对不甘示弱，力争到底。

刘苏问："你后悔生孩子吗？"

"不，生孩子让女人变得完整。"阿桂坚定地看着她。

"我会再和上面周旋的。"刘苏真心想帮她。

"谢谢！怀孕前我就已经在生和不生之间做好了选择。当时困扰的原因很简单，我想大多数女性都会这么想：如果生完孩子再回来，自己的位置还保不保得住？重返职场确实有难度，养孩子费用也大，但我和我老公商量之后决定：生！鱼和熊掌不可兼得。我不像你，能力那么强，又那么肯拼。现在我是当妈妈的人了，每次听到宝贝的心跳声，就觉得很幸福，我一点也不后悔生这个孩子。虽然公司决定放弃我，我很难过，但我了解公司的难处，并且相信你说的那句话。"阿桂第一次和她像这样交心地谈话。

"我说了什么？"刘苏问。

"生完孩子还是一条好汉！"阿桂乐了。

"哈哈！"刘苏也笑了，不得不佩服阿桂的好心态。

"连职场专家都建议工作后的三到五年生孩子是最合适的时机。我今年二十五，是生育的黄金年龄，生完恢复比较快，对大人孩子都好。正好这也是女人工作生涯中的第一个瓶颈期，一方面完成自己人生中一件非常重要的事情，停下脚步享受生活；另一方面可以给自己一个缓冲、思考、反思的机会，也是养精蓄锐的机会。"阿桂怀孕后，不仅脾气变了，心胸也变得宽广起来。

不争即是争，刘苏知道阿桂的老公工作也不稳定，她很需要这份工作，和老公一起分担抚养孩子的费用。

"你们这叫性别歧视！辞退孕妇是违法的！"刘苏冲到人事部找到Kid，退一万步，哪怕为阿桂争取停薪留职也好。

"这是协议解除合同，不是辞退，公司现阶段真的没办法养孕妇。"Kid坚持己见地表达了自己的立场。

"她生产期间算停薪留职行不行？"刘苏几乎在求他。

"可你能找到更好的办法吗？是你自己辞职舍生取义，还是让 Oscar

关掉公司？"Kid 依旧无动于衷。

刘苏被问得哑口无言。谦谦君子原来是个心胸狭窄的腹黑男！女人天生爱联想，刘苏甚至开始自责起来，如果不是她拒绝了 Kid，也许要走的人就不是她想保护的阿桂了。

自从刘苏和魏澜开始约会后，Kid 这阵子与她渐渐疏远了，连说话的语气都变得有板有眼、公事公办的模样。

HR 不会听她一个小小助理的话，要想保住阿桂，只有一个人能救她：Oscar。

她下意识地冲进总经理办公室。

"Oscar，您难道认为辞退一个孕妇就能挽救公司吗？我不认为这是一个老板的明智之选，毁了信誉，丢了民心，失去的比得到的多得多！值得吗？"

这是今天她第二次问别人"值得吗"。

Oscar 听完她义正词严的"辩论"，并没有因为小妮子替同事打抱不平跑来总经理办公室兴师问罪而动怒。他锐利的目光透过玻璃镜片箭一般落在这个勇敢的姑娘身上。她的脸因为与老板的四目交接而微微泛红，不是少女情怀的那种羞涩，而是愧疚。Oscar 平日待她不薄，会推荐有趣的管理类书，比方《高效能人士的七个习惯》《目标》等，也会在她沮丧时给予鼓励，在她被人质疑时提供施展能力的舞台。这么好的老板，哪里找？几世修来的好福气。她为了曾经与自己对立的"小钢炮"，对老板兴师问罪……

刘苏没有说话，蹙眉，静静地看着对面这个能决定阿桂生死的人。

Oscar 打破了僵局："值得吗？问得好！你不顾自己被炒鱿鱼的风险替战友讨公道，你觉得值得吗？"

刘苏的齐耳短发配上那副正义凛然的面孔，活像英勇就义前的刘胡兰，脆崩崩地回了一个字："值！"

Oscar 的脸上没有一丝的不悦，反倒让刘苏去泡咖啡。

这是刘苏作为助理的工作内容之一，她调教那台咖啡机的技术早已炉火纯青，冲泡出的咖啡与"简单生活"的招牌咖啡不相上下，浓郁而芬芳。

黑咖啡除了能宁神，还能减压。办公室的紧张氛围一下子缓和了许多。

"你的咖啡冲得很好，会计业务也不差。作为一个财务总监助理，你是合格的。阿桂一向漫不经心，经常冒犯上司，马丽早就想开除她。若不是我保她，你进公司时就不会见到这个人。作为员工，你觉得她合格吗？她会尽心尽力为老板考虑吗？她会积极进取吗？抱歉，作为一个声名狼藉的"资本家"，我并不喜欢这样的员工。在她怀孕期间辞退她，确实也是公司形势所迫。我们需要降低人工成本，想来想去，财务部的人选只能是她。"Oscar 啜了口咖啡。

"难道非要裁员才能降低人工成本吗？会计的作用就是让公司的活动可视化，让经营者对公司内部的各种活动以及业绩进行控制。但您看到的这些报表并不能真实地表现公司的现状。阿桂确实不够努力，脾气也差，但比起那些一进公司就知道泡茶、上网、聊八卦的员工优秀一百倍。这些您并不能从会计报表上看得见。如果要开除不合格的员工，我想您将会失去三分之一的下属，这里面包括那些只会在老板面前装勤快的马屁精、每天插科打诨的老烟枪，他们只是虚张声势的银样蜡枪头，能为百特冲锋陷阵吗？您为什么要被假象所蒙蔽呢？"刘苏的情绪缓和了许多，她深吸一口气，理顺了大脑里的一团乱麻，试图用理性一些的方式说服她的老板。

"好，那我们撇开一切，就谈成本。你觉得百特的成本有哪些？"Oscar不是一个霸权的老板，他愿意倾听下属的想法。

"从财务角度看，成本包括运营费用和产品的绩效成本。前者就是您手底下这些员工的工资、社保、福利，公司租金、水电费、电话费、网络费、设备折旧费，Sam 统领的销售部每分每秒花出去的招待费，等等。后者很明显就是生产产品所需的料、工、费。"刘苏一一解析。

"但是你刚才也说了，作为老板，我不能仅从财务角度去看问题，也没法真正看清问题，因为这样对成本的理解不够透彻。"Oscar 十指交叉，托着下巴思考着。

"好吧，那我从管理角度说说我的浅见。成本与效益挂钩，不能单纯地考虑降低成本。员工不喜欢管教与威胁，若能带着情感、运用有效的管理方法激励他们，公司所花出去的成本定会大大减少。"刘苏的眼睛炯炯有神，表现出胸有成竹的坚定神情。

"哦？为什么？"Oscar 一脸疑问。刘苏第一次看到 Oscar 处在进退两难、犹豫不决的纠结状态。这个气宇轩昂的王者失去了往日的狡黠和淡定，仿佛一夜之间老了十几岁。每个股东都不是省油的灯，用退股要挟他在短期内提高经营业绩。全公司最难坐的位置不是别的，正是他这个老板。

"因为您的成本统统掌握在员工的手里。"刘苏松了口气，老板并不是食古不化的。既然渐入佳境，就没必要故弄玄虚，她继续为队友争取免死金牌，气定神闲地补充道，"如果从管理的角度看，您看到的应该是作业性成本和策略性成本。前者是为了完成生产任务供应链各环节（接单、下订单、采购、质检、物流等）所产生的成本。这些成本并不会因为您花得越多，收益相应增长；相反，没准还会赔钱。后者并不能对当期收益产生立竿见影的效果，属于可花可不花的费用。比方员工的隐形福利——培训费，它可以在未来改善公司运营体系，帮助员工在事业上成长，提高员工的素质和能力。个人觉得这类费用不该省，这对企业的未来很重要。成本，应该花在人身上。"

"有意思，我还是第一回听到这样的理论。公司最大的成本难道不应该是材料成本吗？这才是能让我赚钱的资源和耗费最大的费用啊。"Oscar 是故意这么问的。作为一个在商战江湖上混迹多年的"老狐狸"，他自然是懂管理的，他只是想知道这个年轻的下属是否具备一个得力助手的真正能力。

"材料成本虽大，但这不是由公司某个人能决定的，而是由市场决定的。

就好比我们租别人的房子、机器，租金是由对方决定的。这类成本就属于**不可控成本**。如果来自火星的 Sam 总监想把百特的产品卖出市场最高价，采购部的海龟先生想用最低的单价购买原料，这将会给公司带来超级丰厚的利润。但这笔买卖真那么容易吗？另外，设备折旧是第二大成本，同样不可控，您不能阻止随着时间的流逝，设备价值不断减少。"

"那什么是我能控制的？"Oscar 的身体向前倾了倾。

"您能控制的是人。"刘苏一语惊醒梦中人。

"继续。"Oscar 突然来了精神，此时刘苏的话仿佛比黑咖啡更管用。

"所谓**可控成本**，就是能为某个单位或个人的行为所制约的成本。其实公司的成本掌握在人的手里。人事成本是可控的，举个例子吧。我和我的好朋友常去一家叫'简单生活'的咖啡馆喝咖啡。

去"简单生活"的熟客都知道购买一杯咖啡需要去吧台点餐、付款、等餐，然后端着那杯属于自己的咖啡找个空位坐下。甜点也一样，所以这间咖啡馆只有两个人——咖啡师和甜点师，没有一个服务生，人力成本大大降低，所以客人们才能花 15 块喝到 50 块的咖啡。

如果您去那儿喝咖啡，请留意餐桌上会有一张画着可爱涂鸦的小卡片，上面写着：请将用过的餐具和废物丢进垃圾筒。一般来说，去咖啡馆的客人素质都不低，看见别人这么做，自己也会跟着效仿。虽然有些小小的不便，但经营者却巧妙化解了顾客的不满。客人喝到纯正的咖啡，自然不会介意服务生永远守着吧台捣鼓咖啡机了。因为这个小小的举措大大降低了这家小咖啡馆的运营成本，这是会计控制的一个成功案例。这么做的结果，使顾客正确理解了产品低廉的重要原因——不是偷工减料，而是减少了各种不必要的开支。这就是我想对您说的重点，公司正在为太多无谓成本买单！

为了节约费用，可以要求员工将用过的纸翻过来继续使用。就企业内部而言，既不会损害职工健康，也不会导致工作效率和产品质量下降。如果一个管理者，特别是像您这样高大英俊的高层管理者将控制成本的目光仅仅盯在会计控制上，或者错误地使用会计控制方法，就有可能导致成本控制失效。比如，您辞退一个孕妇，会招来多大的风波？古代君王沦落为亡国奴，多数是失了民心造成的。"

"讲得很棒，我们的确需要对运营成本进行控制，这是高于会计控制的一种成本理念，包括产品战略、质量管理、市场营销策略，等等。运营成本控制通常需要结合企业的收入、市场占有率和降低某些潜在因素来判断。你就负责找出合理的成本控制办法，明早晨会前交一份报告给我。各部门会议讨论该怎么降成本，裁员计划我会考虑暂时搁浅。"Oscar 做出了让步。

百特漂亮的办公室里，刘苏浏览着一堆报表。这是一个燥热的傍晚。百叶窗半掩着，晚风带进些凉意。下班后，Oscar 折回来取文件，望着埋在报表里的刘苏，嘴角不由微微扬起。他确实没有选错人，刘苏是他最得力的助手，也是最刻苦、最有灵性的下属。以她的能力，换一家小公司，早就坐上财务主管甚至经理的位置了。看来，是时候考虑她的升迁问题了。她说得没错，公司的成本掌握在员工的手里，公司的未来也同样。

"Sue，还找不到办法？如果你找到至少五个利润空间，我就放弃裁员计划。"在为阿桂抗争的角力中，刘苏的理由让 Oscar 有些动摇，这个姑娘的话不是无稽之谈。

Oscar 的声音低沉而浑厚，音色悦耳，给白霜两鬓的他增添了一种特殊的成熟魅力。一位天生的演说家才会具备这种抑扬顿挫的声音，他在跟刘苏说话时，语调中总含着一种长者的关怀和强者的笃定。若是年轻十岁，定是百特的男神，Kid 的魅力和影响力触不及他的十分之一。

"好，我一定要找到问题出在哪里。如果不重新审视一遍，问题永远找不出来，我不可能容许自己不尽力。"她的眼神中总有股坚定的力量，还有真诚、倔强。

午夜，刘苏拖着疲惫不堪的躯壳从公司回到家。睡不着，干脆冲了个澡，继续在房间里伏案工作。

如果在酷暑，把一碗绿豆汤或是冰激凌换成白开水，你的心里是否有落差？

如果取消你坐着公司班车回家的资格，你会心理平衡吗？

如果你的公司满足了你所有的需求，工资、奖金、福利统统都很有吸引力，你还有换工作的需求吗？

如果公司甚至为你解决温饱、供车供房，对未来的方向万分确定，你是否会用 100% 的努力回报公司？

是千里马还是驴子，还在于管理者的策略和取舍。

某些成本的降低会影响员工的感受，效益反而会下降。虽然表面上看，节约了成本，成本率反而上升了。成本效益很重要，想象一下，你如果长期在一间环境很糟糕、福利差得让你心寒的公司工作，你还有什么心情上班？

如果"简单生活"因为成本问题，每天黑灯瞎火，服务生爱理不理，厕所没有厕纸，食物永远放在看起来很廉价的盘子里，咖啡杯上还留有污渍，你还会光顾这间咖啡馆吗？

那样只会更让顾客反感，原本留住的消费群体也会悄然消失。

想到这里，她的手指飞快地在键盘上跳起华尔兹。

写了几个钟头的报表，写了改，改了写，反反复复，还是不那么满意。

脖子酸痛，刘苏站起身来舒展了几下。木乃伊般游荡到客厅，打算从冰箱里找点食物充充饥，可怜的她连晚饭都忘了吃。一打开冰箱门，怪房东每天清晨从农贸市场"批发"回来的食材占据了 100% 的空间。更令刘苏生气的是，她从超市买回来的微波炉食品早就被房东清理了。

饿得前胸贴后背，刘苏拆开一袋饼干。

昏昏欲睡的猫咪们听到了包装袋被撕开的细微声响，豹一般从窝里跳出，窜到她的脚边，无精打采地叫唤了几声，狂躁而凄凉。刘苏轻抚它们，这些落寞的小东西突然安静了下来，依偎在她怀里打起小呼噜来。

刘苏会心一笑，被需要的感觉真好。

继续开夜车，她想着：答应自己的，一定要做到！

次日，晴。

"利润空间，就在这里。"刘苏迈着轻盈的步伐走进Oscar的办公室。

她最近工作很卖力，胃口不太好，这让她看起来又瘦又小，不像是即将三十岁的大龄剩女，更像是一个女高中生。从小巧的手脚到浓浓的眉毛，敏感的嘴唇，她身上的每一个部位都显得过于精致，要是安静地坐在那里不动，别人会误以为她是一座雕塑，长得楚楚动人，却总让人觉得隔着一丈的距离。但是在她走动的时候，她那轻盈而又敏捷的体态使人想到的是一只未被驯服的豹子，没有致命的威慑力，却因倔强而令人生畏，身上仿佛有股不怒而威的保护罩，这大约就叫"气场"。

刘苏花了一晚上看报表，翻了翻凭证，终于找到了利润的突破口：

班车——空位很多说明什么？安排不合理，压根不需要三辆班车，可以改变路线，只用两辆即可。10,000元/月/辆，一年就省下120,000元。

餐费——加班工作餐的浪费。如果行政部能点清每次加班的人数，就不会出现多余的盒饭，具体数字可以由行政部计算。

加班费——有些员工投机取巧，明明没有必要加班的工作却偷偷留下蹭加班费，提议Oscar立下加班申请的规矩，必须由各部门负责人批准才可加班。

油钱——司机必须按照行车申请单上的既定路线行驶，由财务部根据票据进行合理评估与监督。

刘苏罗列出各部门有可能发生浪费的几个细节。

"如果所有员工都希望加薪增福利，而老板却要求降成本，我作为这块夹心饼干里可怜的馅心，非常矛盾。作为您的下属，我自然要站在老板的角度考虑问题。作为员工，我当然也希望大家都能受益。这可真不是一个好差事。"

看到几个成本控制的管理方案时，Oscar 很满意，不经意地把玩起马克笔来。但当他看到一行数字时，不禁蹙眉深思："不是让你帮我砍掉成本吗？怎么反而增加了一项成本？我知道你很为难，但请你在晨会之前先告诉你的老板，这是什么？我为什么要为这项成本买单？"

"这是一项 ISO 质量认证体系的培训费，数目不算大。公司可以请一位资深培训师到公司为大家讲课，在这段时间里，各部门挑选出内审员，相互找出别的部门存在的问题，杜绝浪费，这样您就可以真正控制公司的可控成本。参与这个项目的内审人员可以轮岗，就不会存在针对某个部门猛戳痛点的问题。最后，可以用员工自己找出降低的成本中的一部分作为给员工的加薪奖励。"刘苏解释道。

显然，刘苏的建议得到了 Oscar 的肯定，并且在晨会上一致通过。Kid 也改变了之前的笃定态度，同意配合刘苏一起完成这个计划。其他部门的小头头们一听有奖励，也纷纷投票支持。

★ ★ ★ ★ ★

★ 第 17 块方糖 ★

倾听是高效管理者的必备武器。这并非是要你倾听所有员工的声音，或是倾听毫无意义的闲谈。管理者必须从员工那里获取有效信息，构建解决问题的方案，建立一种与员工合作的基调，使员工加入到共同构建解决方案的队伍中来。这就是 Oscar 的聪明之处，他告诉刘苏如何真正地关心员工，了解他们的需求，并找到正确的方式保护他们。

作为管理者管理目标的核心——准许和鼓舞员工更有动力地做出最大的贡献，帮助员工承担他们的责任。

第18杯

成本究竟是个啥玩意

"嗨，几日不见，让我刮目相看啊！我非常不愿意担当裁员战役中的刽子手手，谢谢你！你是怎么想到这么好的办法的？"会议结束后，Kid投来赞许的目光。

刘苏突然觉得不好意思，是她太多心，过于敏感。生活中，Kid一直扮演着暖男的角色，处处为别人着想。工作上，他也有自己的无奈。

"很简单！人性的弱点——贪婪。"狭窄的咖啡间，这对恋人未满的璧人并未因为尴尬的关系而生疏。作为工作上的好搭档，刘苏放下了之前对Kid过于男权主义的成见。她愿意与之共同努力，找到降低公司运营风险的办法。

"呵呵，这么深奥！如果我也懂财务，就不会做出那么残酷的事。"Kid给自己冲了杯蓝山，优雅的绅士永远举止得体。他喝咖啡的样子好看极了。

刘苏在心里确定了魏澜之后，她的选择困难症终于治愈，不再纠结。感情有了着落，认真寄情工作的小妮子似乎浑身充满了动力："其实公司很多人明明看见洗手间的水龙头没有关，也不一定会去拧紧。这是为什么？因为他们认为这与自己无关，反正浪费的是公司的钱，自己又得不到好处，何必去管？我的报告里罗列了这样的小细节，说明至少有10%的成本是可以降下来的。在这个降成本的计划里，我是个侦探，负责找问题，接下来就需要你们人力资源部扛大旗收买人心了。"

"听起来很有趣，我的压力很大，给我点建议吧。"Kid 嘴角上扬，露出漂亮的笑容。

"公司不能单纯为了增收做降成本的动作。成本不是单独存在的，它是完成收益的资源。员工想得比较现实，都希望薪资能和个人能力相符。只有那些无能的人才会希望拿基本工资。不如增加绩效工资吧！如果员工干得多也拿得多，自然会产生归属感，营造一个'人人是老板'的氛围，你还怕他们天天忙着泡论坛、手机上网秒杀、QQ 聊天吗？既然公司的电脑、网线、电话都产生了费用，那么我们就必须使已经配备下去的成本得到最大收益。会计科目看不见这些，老板也不能完全依赖会计报表表达的资讯。如果只为了降低成本，专攻工资、租金、制造成本、所得税、营业外费用，那只会影响客户和员工的积极性，以及公司的未来。"

"Good idea（好主意）！不过实施起来不简单，你得帮我！"

"那当然，我们是最佳拍档嘛！"刘苏举起杯子，轻轻碰上 Kid 的。

他们在读书时就是话剧社的男女主角，两人因此也常常被同学们乱点鸳鸯谱。如今，旧日同窗都已转变为社会人，对工作也很上心。做不成情人，当事业上的搭档也不是坏事，至少没有失去这个好朋友。

没什么是固定不变的，这世界上唯一不需要努力的就是年龄。不管你是快乐的或是悲伤的，积极的或是消极的，哭泣着或是微笑着，你都无法阻挡时间的流逝。

对于女人来说，保持固定的体态和不变的年龄才是最大的欲求。而对于老板呢，固定成本会让他们遇上赔钱的风险，变动成本才是好成本。

生产总监"黄世仁"在某天的晨会上要求扩大生产线，增加产能。

Oscar 看了刘苏关于变动成本与固定成本的分析报告，问她："你觉得老板会比较喜欢哪一种？"

"自然是变动成本咯！我们做过预算，希望收入也能如期成长。但每一年的市场状况是不可控的，外界的经营环境无法掌握在我们的手里，就连百特呼风唤雨的 Sam 总监也不能拍着胸脯保证能把货物全部售罄。企业不怕没市场，最怕不断扩大规模、设备、人员、厂房及土地。当我们拥有了过多的固定成本，市场却变成不可控因素时，试问马达先生，您能为这些成本买单吗？"

"黄世仁"被这个做足准备的姑娘气得一语不发。一向爱发脾气的 Sam 此刻没有帮腔指控这个财务部小妞"迂腐"，而是意外投来"理解万岁"的目光。

是的，作为外资企业，老板恨不得什么都是租来的。企业运转的每一分每一秒都在烧钱，销售虽然收入可观，但也背负着公司的命运。如果有可能的话，公司可以直接找第三方代生产，报表扔给会计师事务所处理，甚至在需要出差时租辆车就行，何必花钱供着车子和司机，养车费、停车场租金、司机薪酬、车辆折旧统统省掉多轻松！这样一来，运营风险大大降低。

为了让"黄世仁"心服口服，刘苏在会议室的白板上画了一幅图，那是她的旧上司尼基教过她的——盈亏平衡点分析图。

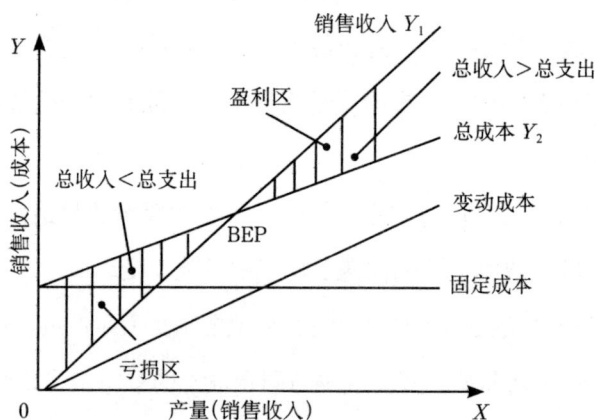

图 5　盈亏平衡点分析图

"呸，小丫头片子居然公开宣战，我倒要瞧瞧这张破图有什么用？""黄世仁"一脸不屑。

刘苏泰然自若，功课做足了，底气自然足，她不慌不忙地给财务盲们解释着。

"**盈亏平衡点**（Break Even Point，简称 BEP）又称零利润点、保本点、盈亏临界点、损益分歧点、收益转折点。通常是指全部销售收入等于全部成本时（销售收入线与总成本线的交点）的产量。以盈亏平衡点为界限，当销售收入高于盈亏平衡点时企业盈利，反之，企业就亏损。盈亏平衡点可以用销售量来表示，即盈亏平衡点的销售量；也可以用销售额来表示，即盈亏平衡点的销售额。

变动成本（Variable Costs）是指那些成本的总发生额在相关范围内随着业务量的变动而呈线性变动的成本。直接人工、直接材料都是典型的变动成本，在一定期间内它们的发生总额随着业务量的增减而成正比例变动，但单位产品的耗费则保持不变。

固定成本（Fixed Cost），又称固定费用，相对于变动成本，是指成本总额在一定时期和一定业务量范围内，不受业务量增减变动影响而能保持不变的成本。举个简单的例子，我们就从黄总监最质疑的销量说起。假如百特每件产品销售单价是 500 元，变动成本是 150 元，摊销在产品上的固定成本（租金、管理费等）是 3,500 万元，那么需要多少产量才能保本呢？

盈亏平衡点＝固定成本／（单位产品销售收入－单位产品变动成本）

＝3,500 万／（500－150）＝10 万（件）

所以，只有产量高于 10 万件时公司才会盈利，反之就亏损。所以这个产品的盈亏平衡点就是 10 万件。

当然，这是最理想化的状态，我还没有将现实中存在的固定成本，比如机器的折旧、场地的租金、管理人员的薪酬完全考虑进去，还有变动成本，如产品的材料成本、计件工资、税金等。甚至连水电费、维修费这样的半变动成本也得考虑。"

"既然这样，那我们干脆扩大产能，不就能得到更多的利润吗？有钱干吗不赚！Oscar，你选的这个财务总监助理够格？""黄世仁"一边冷笑一边心想，这丫头简直蠢到极点，挖个陷阱原来是给她自己跳的。

刘苏没有还击，反而放慢了语速继续解说："我们的产能目前是略微大于10万件，说明我们是保本的。但是如果盲目大量增产，只会增加变动成本，给公司带来更大的风险。那么上面的这个公式就得重新运算了，保本点就不是10万件了。如果纯收入不能补偿固定费用，保本都顾不上，还谈什么盈利！世界上唯一不变的，就是变化本身。大家不会不懂这个道理吧！"

其他中高层管理者频频点头。

"你，你，你……"这一边倒的局面把"黄世仁"的嚣张气焰顿时压了下去。

数字是最有利的武器，简单、直观，"黄世仁"暗自惊叹：这个姑娘的心思果真细如发丝，自己一心想着扩大生产线能给公司带来更大的效益，没料到聪明反被聪明误。

"Sam总监，您怎么看？"刘苏女将在主公Oscar的眼神示意下，转向百特的销售大将军。

Sam从预算事件和对账事件中，早就对这个小妮子佩服得五体投地，两人私下还常常一同聊国学。

"我完全赞成刘苏的意见！现阶段增产只会让我们的经营状况雪上加霜。"Sam是个性情中人，既有牛气冲天的脾气，也有心悦诚服的肚量，他转向刘苏，"既然能算出保本产量，你能算出产品的保本单价吗？我正在考虑是否可以通过降价提高销量。"

"没问题。"

刘苏转身提笔在白板上列出几个数字。

"百特目前一年的固定费用为 3,500 万元，产品单价为 500 元／台，单位变动成本 150 元／台。现在我们的实际产量是 12 万台，我们需要达到目标利润 400 万元才能勉强维持运营，那么最低销售单价就很容易算得出来。

假设最低售价为 X：（3,500 万 +400 万）／（X−150）=12 万，解得 X=475 元。

因此，Sam 总监出售产品的最低售价为 475 元，可以在维持目前产能的状态下适当考虑降低单价来增加销量。

盈亏平衡点其实特别容易理解，总的纯收入刚好补偿了总成本（包括固定成本和变动成本），低于这一点就会发生亏损，超过这一点就会产生利润。

总成本线在等于固定成本的那一点与纵轴相交，且随着销售量的增加而成比例地表现为增长趋势。高于盈亏平衡点时，利润与销售额之比随每一件售出的产品而增加。这是因为贡献呈一固定比率，而分摊固定成本的基础却扩大了。在企业经管中，常把变动成本与固定成本的比值称为经营杠杆（Operating Leverage）。需要指出的是，经营杠杆与周期性效应是影响企业贝塔系数的重要因素。在无法直接求得贝塔系数的情况下可以运用经营杠杆对对象进行定性的风险评估。这些过于专业的报告，我们已经聘请了四大会计师事务所之一的 ×× 会计师事务所为我们打造。我们只需要为其准备应有的信息和资料。希望大家积极配合，将成本砍下来，我们就不会因此失去优秀的战友。"

刘苏的报告，大家都积极参与了讨论，并一一献计如何改善成本过高的问题。百特的晨会发言人数刷新了以往"闷声大发财"的纪录。

Oscar 端起咖啡杯，微微一笑。

他的选择没有错。

这是他第一次因为一个小小的助理改变董事会通过的决策，阿桂就这样被留下了。

★ ★ ★ ★ ★

★第18块方糖★

盈亏平衡点引发的管理方案调整：

(1) 开发出能降低变动成本的新设备，设备和厂房的更新，处理现有固定资产，固定成本也常常会上升。对盈亏平衡点可能没有任何影响或者可能使之降低，从而导致利润的增加。

(2) 卖掉一些资产，但大多数固定成本被保留下来。变动成本可以按照增加和减少两个方向来变动，对工厂盈亏平衡点和毛利的影响可正也可负，这取决于卖掉的资产和增加了的变动成本的相互关系。

(3) 在季节性波动的最低点保留某些劳动技巧，将一些变动成本转变为固定成本，这样工厂盈亏平衡点可能上升。

(4) 用加班措施来增加生产能力，变动成本增加，盈亏平衡点上升。假定产量已增加，对利润的影响则依赖于总成本线的斜率和实际产量的相互关系。

第 19 杯

就这么干，帮公司瘦身

"除了这些，能再给我一个理由吗？" Oscar 很诧异，刘苏近来的表现越发突出，她就像颗夹缝中的小种子，彰显着一种神奇而强大的生命力。

"经营者制订了公司要达到的目标，就有必要对公司的业绩以及公司内部的各种活动进行控制。会计就像一面镜子，但并不能正确地照出公司的原貌。有时候可以让你看起来像个失控的胖子，有时候却让你看起来营养不良，不能百分百依赖会计数据来判断公司的经营状况。会计的作用就是让公司的活动可视化。经营者必须对公司的业绩以及内部的各种活动进行控制。"

"百特目前的账务显示，它在亏损。不管这些坏账能不能追回，损失已经造成，你有什么办法帮助公司渡过难关？" Oscar 那张饱经风霜的脸魅力依然，他微笑着等待这个姑娘给出的惊人答案。

"帮公司减肥！" 刘苏斩钉截铁地答道。

"什么？" Oscar 饶有兴趣地看着她，这个女孩子越来越让他看不懂。如果把马丽比作一杯振奋人心的爱尔兰咖啡，那么刘苏更像一杯纯净芳香的拿铁，有咖啡的香醇，但更多的是牛奶的芬芳，味道没那么冲。马丽那杯爱尔兰咖啡里的威士忌量少却有足够的能量让人折服。他好像错了：刘苏不是他想象中的温水里的青蛙。

169

"要割掉企业的赘肉，必须了解我们的钱是不是都花在刀刃上，哪些成本是该花的，哪些不是。公司没必要为无谓成本买单！"刘苏在会议室的白板上写写画画。

她用了"我们"这个词，Oscar很开心。多有主人翁意识，激发员工"人人是老板"的意识是他的管理理念之一。

★ ★ ★ ★ ★

★第19块方糖★

成本的有效控制

1. 组织系统

在企业组织中，通常将目标划分为几个子目标，并分别指定一个下级单位负责完成。

2. 信息系统

成本控制的另一个组成部分是企业信息系统，也就是责任会计系统。随着会计电算化的发展，软件的应用已经十分普遍，选择相应的软件可用于成本的有效管理和控制。成本对象划分要科学合理，既不能太细化也不能过粗，划分过粗过细都会影响成本核算的准确性。

3. 考核制度

企业考核制度是成本控制系统发挥作用的重要因素。根据不同的成本中心对各个部门做定期的费用考核是必要的。

4. 费用分配

企业在进行生产时会涉及共摊费用，应该根据分配标准与分配费用之间存在的联系密切度的多少进行成本费用分配，并且还要考虑取得分配标准的资料方便计算。

5．人才培养

一些管理者不重视成本管理，疏于对于会计工作人员的培养，导致会计人员的整体素质和业务水平不高。企业应定期对工作人员进行培训，培养出一支能够适应成本管理的专业技术队伍。

6．科学的成本管理方法

企业应注重对产品的需求分析、技术发展态势的分析以及产品的信息来源成本、技术成本、库存成本、销售成本等成本信息的分析，采用现代化的成本管理方法能提高信息处理的准确性和时效性。

第20杯

你的时间你做主

有了方案，还需要执行力。老板的钱可不好赚！

刘苏站在前台，她在默默地观察。员工踏入公司的那一刻，公司账户上的钱就在拼命减少。比方总经办的 Amanda，她踩着红色高跟鞋，风尘仆仆地赶到公司。从她一尘未染的黑色西裤和没有一点刮痕的鞋子来看，她应该是打车来的。她的级别是有交通补贴这项福利的。

跟着 Amanda 上楼，只听她在打电话为年会选地点的事情和酒店交涉。

"毛总，您真是一点也不厚道。我们上半年就在你们酒店办了招商记者会，下半年的年会也打算定你们的会议厅。可您呢，餐饮和住宿价格上都不给点优惠，连停车场都不提供。为了这事，我被老板臭骂一顿，可跑断腿都找不到像你们酒店这么好的。您就帮帮妹妹吧！"Amanda 娇滴滴地讨价还价，女人的优势利用得恰到好处。

一番交涉，事情似乎是谈妥了。可这通电话又足足持续了半个钟头，从公事聊到私事，Amanda 也想攀高枝，向对方打探起钻石王老五的信息来。

"呵呵，毛总，我的终身大事就拜托您了。嫁不出去，找您算账！"挂了电话，Amanda 笑靥如花，丝毫没注意刘苏。

"早，Amanda！"刘苏主动敲敲她的门。

"哦，是你啊！"Amanda 对着水晶化妆镜补妆。

"你的费用申请没通过，我正好上来找 Oscar，顺道给你送过来。"刘苏递过去一张申请单。

"什么！你们财务烦不烦，知不知道我们每分每秒都在为公司卖命？我可没空填这些破表！你先放着吧。"Amanda 尖叫起来，就像长长的指甲划过玻璃的声音，刺耳且让人厌恶至极。

她满意地瞧瞧那张精致无瑕的脸孔，旁若无人地给自己泡了杯玫瑰花茶。

接下来，打开邮件，突然笑出声来。

是对面行政小妹 Funny 发来的搞笑图片集。

刘苏看了看表：9:50，距离上班时间已经过去将近一个钟头。公司每个人都说自己忙，但究竟在忙什么？

刘苏放下表格，径直去了 Oscar 的办公室。

"你的执行方案出来了？"

"嗯！"刘苏指了指 Oscar 的电脑，示意已经发邮件给他。

"说说你的想法！"Oscar 没有看字的习惯，他更喜欢听刘苏下属用简单的语言叙述。

"公司确实负担了许多不必要的成本。要想给公司减肥，除了宏观上改变管理方式之外，还需要从细节上调整大家的工作流程。"刘苏捋了捋额前的刘海，舒了一口气，继续说道，"每个员工因为其工作职能驱动会产生很多活动，而这些活动一发生就会产生费用，比方手机费、工资、奖金、保险福利，甚至固定电话、打印机、传真机的折旧都在发生。为了完成任务，费用就发生了。成本因不同的人发生，但并没有落实到每个人身上。我想，我们应该设置成本中心。企业的每个角落，每天都在发生资源的耗费，财务系统却只能反映这一活动的结果，Sam 请客户吃饭进招待费，公司场地交租进租赁费，Kid 交上来的工资单进工资。财务只有等账单到了才能定下会计科目，以资源方式呈现给老板看。可您并不能从这些数据上看到那些浪费现象。"

"浪费现象？"

"一些新晋员工由于业务不熟，常常会做一些重复的无效工作。越过主管发邮件给老板及财务，为了保险起见还打印了若干份亲自送到各个部门，不仅浪费时间，还在浪费公司资源。而他的主管可能会不满他的越级行为而否定他一上午的'功劳'。上司因为被抢了风头而不悦，这就导致成本翻倍，因为新人必须再花时间重新做一遍。一个部门一个月若经常发生这些成本，只能从工作流程上想办法。让每个员工明白自己的汇报路径和工作职责。会计咨询并未告知亲爱的老板每个员工发生的活动，只说了资源动用了多少，却没说是怎么动用的，哪些是该花的，哪些是不该花的。"刘苏举了个典型的例子，并没有指名道姓。

"看来我们的员工手册还不够完善，你和 Kid 负责做好它！"Oscar 知道这是员工的普遍现象，不仅仅发生在新员工身上。于是，他把这个难题交给了这对"黄金搭档"。

"还有个问题，我们的财务系统也有一些不完善。成本分配很重要，如果分配不明确，老板会被会计蒙蔽，因为费用究竟是如何发生的，谁发生的，您一定不知道。比方出问题的客户 A 没承担他该承担的全部费用，而客户 B、C、D……却一同承担了他们并不该承担的费用。老板一旦追究起来，不要只说结果，还要了解原因，谁也不会记得那是谁的责任。这不是会计的错，也不是国家规定的会计制度有问题，而是一开始为我们制定财务系统的人想得不够周到，造成管理不到位，这会引起百特管理制度的混乱。"刘苏对照报告，指出了管理上的另一个漏洞。

"告诉我，如果没有这个资讯该怎么办？"虽说亡羊补牢，为时不晚，但眼里容不得沙的 Oscar 还是想考考刘苏。

"虽然目前会计系统不完善，但我们还是可以将成本追回来！要想知道某一活动花了多少时间，我们就从时间角度考虑；若是想知道花了多少钱，那就从活动角度考虑。"

"太抽象，说具体点。"

"在我看来，活动和时间就是成本，也是成本的驱动因素。企业根据会计准则编制报表，表达资源的耗用量。国家管制你是为了扣你的税，从各类资源的耗费来审核，你是否可以将这些资源当做费用。而管理者需要知道的是：我究竟要怎么管理我的成本，并让我的成本降下来？"

"说得不假，企业内部更关注的就是这个。"

"假如一个部门一个月的成本是10万，怎么了解它为何花了这么多钱呢？这需要动用一些资源，如测算工资、租金、水费、电费、手机费、差旅费、招待费、办公费等。假设支持他们完成100个小时的工作，单位工作成本就是1,000元／小时。那么，部门每月成本＝部门每小时动用资源的平均数×时间。若只需要50个小时就能完成工作，部门成本就会降一半。换句话说，成本和人数、工作量有关。每天工作8小时，根据工作量我们可以判断每个部门大约需要多少人。这是人力资源部门需要考虑的事情，我仅仅提供我的想法。相信他们会从全局考虑，给出合理的规范意见。"

"不错！"Oscar按了几个键，接通Kid的座机电话，"麻烦来我的办公室一趟！"

Kid很快赶到，听了刘苏的想法，拍案叫绝。

"财务专家能给我点具体实施的建议吗？"Kid对于降成本的具体实施还是有些困惑，虽说前阵子的举措已经有成效，但还没有达到管理层的目标。

"以我们的验收部门为例，本月人工成本、运费、折旧、电话费等成本共计27,000元。怎么把这27,000元降下来呢？降工资肯定不行，上次阿桂那件事就引起了轩然大波，幸好摆平了。降租金呢？也不可能！因为这是租赁合同上白纸黑字写好的金额。电话费能降下来吗？很难！因为大家不能与外界联络，工作无法完成。设备折旧更不是我们说降就能降的，这是时间和价值决定的。不妨将时间成本的因素加进来。27,000元是2个人每天工作 8 小时的月成本，他们俩每天工作时间共计 16 小时，一个月 352 小时。每小时他们耗费的成本为 27,000 元 /352 小时 =76.7 元 / 小时，这两个人都在用 76.7 元 / 小时的成本为百特工作。现在请 Kid 将他们的工作列出来。"

员工手册和工作流程是 Kid 整理出来的，他很轻松地列出了验收部门的几个工作环节：与供应商联系、收货、搬运、检验、返修退运、数据处理。

"好的，谢谢！"刘苏指着这张清单，继续为他们分析道，"就这六个动作在一个月内发生了 27,000 元的费用。我想 Kid 需要做的是叫来他们问问每个动作需要完成的时间。用 76.7 元 / 小时乘以他们总共花费的时间就是这个部门的工作成本。

也许他们并不愿意告诉你，因为这样一来你就知道他们存在的价值了，可以抽样暗中观察一下。

假如'与供应商联系'这道工序花了 100 个小时完成，那么相当于花了公司 7,670 元。Oscar 一定会问为什么会花这么多时间与供应商联系呢？"刘苏开始明白上司需要的是什么，这让 Oscar 相当省心。

"我在招聘前了解过，验收部门原本是一个人可以完成的，但经常发生一些沟通问题，比方下订单时资料不齐，对方是个小公司的老板，我们这边验收小弟的职位太低，双方沟通不了，这就造成了相当多的沟通成本。我会根据沟通的有效性检查哪些是可沟通的，逐个解决每项活动的时间成本，这样总成本就能降低。"Kid 似乎悟到了刘苏用时间管理方法降成本的思路。

"成本不是资源，而是活动。我们看到的这些资讯，仅仅是交通费多少、住宿费多少、准备年会的成本多少、资料的准备花了多少钱。老板既然买了员工的劳动时间，那他就可以决定你需要为他做哪些服务。我们完全可以简化工作流程，制成 SOP 标准工作流程，让大家清楚地知道自己该干什么。就拿刚刚举例的验收部门来说，第二大成本就是返修退运。我从这道

工序入手，去现场观察过。验收部门的同事一接到外部订单就立刻在公司系统下了订单，也不管什么时间要做，其实这时候货还没投入使用，也没有时间验货。库工只能用铲车将它们放到仓库一角。三天后等到我们这位同事有空了，他才想起来验货的事情，叫库工再将货搬下来检验，接着签好验收单，打包装起来，再命其放回原处。因为这批货并不着急使用，只是为了签验收单，让对方满意才这么做的。等到货品需要使用时，库工再把货搬下来重新拆箱，清点需要的量，把不用的再用铲车运回去。仅仅是搬运成本，就付了翻倍的代价。"刘苏不打无准备之仗，尽管没有指名道姓，但她的暗中调查确实反映了百特松散的管理体系。

"好，说说你的解决方案！"Oscar 不回避，他的管理确实有漏洞。

"我的建议是请采购部的同事与供应商沟通，将订单分成若干小份，合同中约定好每一份的交货时间。这样一来，供应商增加了供应次数，我们却减少了内部仓储过程中的时间成本。就好比请一个家教给孩子补课，明明说好每天 2 个小时，老师却总是提前 15 分钟走。那么家长肯定会不高兴，为什么我要花 2 小时的钱买你 1 小时 45 分钟的服务？加强员工的时间概念和服务意识很重要，得让大家明白自己究竟在为谁工作。"刘苏想起采购部的海龟满脸堆笑的样子，不知他能不能接受她的建议。

"嗯，是个好主意！不过也得让他们比较一下是节约内部成本比较划算，还是把外部成本降下来比较划算。毕竟供应商不是省油的灯，供应次数多了，运输成本增加，他们很可能要求加价。"Oscar 觉得，刘苏的方法是可行的，再推敲推敲会更好。

"没错，这就得考验采购部同事们的谈判功力了！借鉴刘苏的办法，可以在不同部门展开，百特的瘦身大计一定会成功！"Kid 也很赞同这个法子。

★ 第 20 块方糖 ★

时间都去哪儿了？

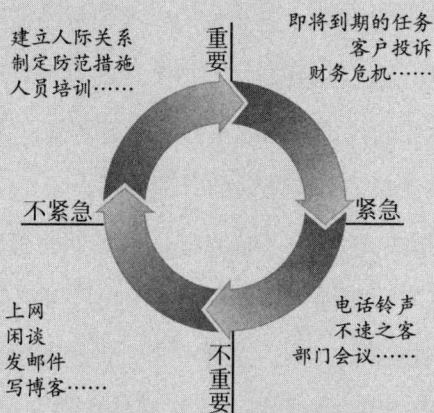

建立人际关系
制定防范措施
人员培训……

重要

即将到期的任务
客户投诉
财务危机……

不紧急

紧急

上网
闲谈
发邮件
写博客……

不重要

电话铃声
不速之客
部门会议……

时间四象限法是美国的管理学家科维提出的一个时间管理理论，把工作按照重要和紧急两个不同的程度进行了划分，基本上可以分为四个象限：既紧急又重要（如客户投诉、即将到期的任务、财务危机等）、重要但不紧急（如建立人际关系、人员培训、制定防范措施等）、紧急但不重要（如电话铃声、不速之客、部门会议等）、既不紧急也不重要（如上网、闲谈、邮件、写博客等）。

（1）第一象限是重要又急迫的事。比如，应付难缠的客户、准时完成工作、住院开刀、影响公司士气的突发性事件，等等。这种迫在眉睫的重要事件一般要优先处理。

（2）第二象限是重要但不紧急的事。包括制订发展规划、考察、调研、向上级提出问题处理的建议等事项。这种事我们要制订计划，按计划执行。

（3）第三象限是紧急但不重要的事。比如电话、会议、突来访客都属于这一类。既然不重要，这种事是你高兴就去办，不高兴就可以不去想的。表面看似第一象限，因为迫切的呼声会让我们产生"这件事很重要"的错觉——实际上就算重要也是对别人而言。这种事情可以交到下级去办。我们花很多时间在这个里面打转，自以为是在第一象限，其实不过是在满足别人的期望与标准。

（4）第四象限属于不紧急也不重要的事。比如上网看无聊小说、毫无内容的电视节目、办公室闲聊等。简而言之，就是浪费生命，虚度年华。

我们应做好事先的规划、准备与预防。处理事情的次序是先考虑事情的"轻重"，再考虑事情的"缓急"。时间管理是发挥个人领导力的关键，也是传统低效管理者与高效卓越管理者的重要区别，急事无限变少，不再瞎忙。

第 21 杯

"奔三"恐惧症

公司普天同庆，其他员工也因为可能得到培训机会和绩效工资而开心不已。暂时混沌的经营困境也许只是黎明前的黑暗。明天会更好，太阳照常升起，人总会因为积极乐观的心态而否极泰来。

刘苏越来越喜欢自己的工作，成就感来了，以前的压抑、不安、烦躁、疑惑、纠结等等复杂的情绪好似都统统消失了。

灯光下，她想起了与雅妈、阿桂的对话，为了婚姻和家庭甘愿妥协，自己是否也会遇到那个让她放弃所有的人呢？

Oscar常和女员工开玩笑说，像刘苏这样不靠男人的女员工，活得最累。世界上有两种花最漂亮，一种叫随便花，一种叫尽管花。如果你不是天生嫁入豪门做少奶奶的命，那就好好学学人家刘苏努力工作吧。

虽然这话多少有些让人不爽，但确实是智慧箴言，至少鞭策女性不断上进，要么靠男人，要么靠自己。

做一个女人很难，做一个有能力的女人更难，做一个能让男人尊敬又能被他拥入怀中的女人难上加难。

男人一有钱就变坏，女人一变坏就有钱。如果你还在用有色眼镜看待两性关系以及男女不同的价值观，那你就是江湖传闻的奥特曼（Outman），落伍了。

记得某个周末，房东太太不在家，魏澜在店里走不开，刘苏邀 Kid 和兔子来玩。

养猫的男人 Kid 和养狗的女人兔子在聊天。

Kid 喜猫："狗很友善、聪明，但不及猫爱干净。"

兔子不屑一顾："猫有灵性、慵懒，但不及狗亲切。"

Kid 补充："出差多日，回来的时候，猫咪还是能让家保持原样。多贴心！"

兔子不屈不挠："出差多日，回来的时候，狗狗把家里闹腾地像鬼子进村。多可爱！"

两人好像是要比个高下，到底是猫可爱还是狗狗贴心。

辩不出结果，兔子把难题抛给刘苏："你说，猫和狗，哪个物种比较可爱？"

这样的选题，刘苏是铁定不感兴趣的。有选择困难症的刘苏对于做什么工作、选什么男友、今天穿什么颜色的袜子都不那么确定，总是要花很长时间选择。后来索性把所有颜色的袜子都买下，对于男人，都喜欢又都没那么喜欢，所幸都不选。

正如全世界都知道当年 Kid 喜欢刘苏，只有女主角不知道。Kid 在毕业演出时弹钢琴，有个穿短裙、绑马尾的女生叼着一枝玫瑰花冲上台大胆示爱，并主动吻了他。

后来，她顺理成章地成为 Kid 的女朋友，刘苏依旧是他的女二号，俗称"红颜知己"。

毕业后，刘苏和 Kid 依旧保持联系，一种微妙的恋人未满的关系。

"你信吗？假如你们俩在一起会刷新最短恋爱纪录。毕竟没有得到的就是最好的呀。"蝎子女兔子曾这样恶毒且精准地预言。

"哈哈哈哈……"刘苏笑得上气不接下气。其实，当年听说 Kid 有了正牌女友后，心里还是莫名地翻江倒海了一阵子。她有点怀疑自己是喜欢他的。不过，兔子的话不是没道理。

后来她接受了青梅竹马的黎柏一，Kid 却在这个时候恢复了单身。

他们俩总在错误的时间点相遇，注定是两条平行线。

一个巧合，Kid 养了一只叫"不要钱"的小猫，兔子养了一只叫"要钱"（兔子本名姚静，儿子自然随母姓"姚"，不靠谱的老妈随口赏了这个高大上的名字）的小狗。幸好，他们的宠物不在一座城市，否则一场猫狗大战在所难免。从名字就能看出点端倪，价值观不一，怎能站在同一战壕。

猫是高贵的动物，有虎性，也有温柔劲儿，甚至用静如处子动如脱兔形容它也不过分。女人爱上一个男人的时候，就是一只温顺的小猫。如果猫性消失了，那就意味着她会离开你。如果你身边的女子依然像一只猫咪一样，那你该庆幸找了一位既独立又依赖你的伴侣。

明媚的兔子在自驾游回来的途中，结识了一个神秘而有趣的女人。刘苏饶有兴趣地听完了整个故事。

目的地是海南，有心事的人总盼望着海风能吹散一切好的与不好的记忆，只要它们不该残留。女人学的是设计，不漂亮，但很有气质，与生俱来的女人味儿让兔子开始身不由己地接近她，直到听到那个让我们都觉得窝心的爱情故事。

一个风华正茂的女子恋上了一个穷小子，公主和青蛙王子的爱情自然无法得到众人的理解以及父母的支持。艰难的生活并没有损耗珍贵的爱情，女子倾其所有、投其所好，将多年的积蓄投资到男人刚刚起步的小公司，自己依旧做着喜欢的设计工作，不喜不悲、不惊不叹。没有唉声叹气地埋怨生活质量的下降，没有战战兢兢地怀疑公司的营运能力，默默地担起家务，洗衣做饭，等待良人归来。

男人不愿枉费女人的一番苦心，也寻思着两人的未来。他找到相熟的友人，联系可靠的服装厂，将女人设计的扣子图样送给负责人看。清新自然的设计理念得到了一致认可。男人和女人共同努力，将他们工作室设计出的扣子供应给厂商，就这么简单地经营着他们的事业与爱情，舒心地过着简单的生活。

　　爱，真的很简单。是什么让女人如此依赖和信任男人？愿意将自己的金钱和才华统统付出？这样的自信让我联想到了天后王菲——同样我行我素的女人。当所有舆论都指责其夫李亚鹏吃软饭的时候，天后不做声。只是在微博里写下简单的文字，传达对"蜜瓜"的浓浓爱意（李亚鹏是新疆人，新疆特产哈密瓜，年轻人哈韩哈日，咱们的天后唯独哈"蜜瓜"）。当一个

女人的事业达到顶峰时，依然能进退自如，安然做起了全职太太，支持老公的慈善事业，对于外界的猜测和议论能六根清净实属不易。这样的依赖，难道不是爱的力量和自信的意志吗？

凡夫俗子总认为这样的女子惊为天人。我身边却不乏这样的真命天女，为爱不求回报，倾其所有地默默付出，支持所爱的那个人，相信未来是美好的。上帝眷顾每一个珍惜爱、懂得爱的孩子。

能依赖男人是女人的本事。这话很耳熟吧？李舒舒也说过。

但这本事也不是人人都有的，依赖男人不等同于放弃自我。生活中有一些如花似玉的美人儿，一个用青春换了一幢房子的女孩放弃了自由，放弃了尊严，放弃了前程，跟随初识的多金老头颠沛流离，过着纸醉金迷的生活。待到梦醒时分，才惊觉弹指一挥间，芳华已逝。午夜，别墅区里只有发情的猫猫狗狗有声响，万籁俱寂的夜只有自己和自己对话。男人业务繁忙、彻夜不归，她只能起身，将衣橱里的华服翻遍，一一穿上身，褪下，再换上另一件漂亮的衣裳。如此循环，无声无息地在千疮百孔的心底里怒吼青春已逝的悲歌。这样的依赖，让她化作一只金丝雀，却也失去了起码的自由与自尊。金钱只是身上的一片昂贵的布料，稍一不留神，它们便滑溜溜地脱落，赤裸裸地将女人渐渐老去的身体展现在世人面前。

学学人家天后王菲，该出手时就出手，不该做声伤了男人自尊的时候宁愿修身养性、闭不出户。男人的电影即将公映，她便悄然出手，唱出"将爱情进行到底"的誓言，顺便全国巡演了一遍赚足生活费和奶粉钱。男人光鲜地站在台前感谢妻子的时候，她小鸟依人做回贤妻良母，依赖男人为他挡风遮雨、保卫家庭。走音算啥，承认唱砸了，爱谁谁。她还是她，你改变不了，她男人也改变不了。

能独立自主地依赖男人，才是女人最大的本事。

★第21块方糖★

"奔三"剩女将会面临的职业困惑：

（1）上班恨不得坐火箭，实在没空思考感情问题，可平时仅限点头之交的大妈大爷们不知从哪儿蹦出来莫名其妙地扎堆"催婚"。

（2）毕业好几年，事业好不容易有些起色，关键时刻忙着结婚生孩子，可能会影响升职。老板可不喜欢姑娘们个个跳起"肚皮舞"。

（3）男朋友或者老公的事业蒸蒸日上，希望女人多照顾家庭，或者干脆当全职太太。作为独立女性，未来的家庭地位和职场的性别歧视堪称内忧外患。

上述问题的出现往往是因为女性在职场和生活中需要扮演各种各样的"角色"，而各个角色之间发生了冲突，导致自己陷入纠结和无奈之中。下面为亲爱的你打开玩转职场的秘籍，接招吧！

秘籍一：瓶颈期慢步走

工作了几年，职业发展举步不前，不妨在这一阶段把结婚、生育当做重要目标。等到孩子出世后再厚积薄发、重返职场。这是三十岁未婚或者未育女性可以平衡各种角色发展的常规策略。已婚已育的职场女性压力反倒越来越轻了，可以业余时间充电，奋起直追。但是看似安全的办法也暗藏隐患：能否在生育后重返职场占领一席之地得到更好的发展。对于看重年龄的职业来说，或许会错失最好的发展时期。一般来讲，会计行业越老越吃香，不用顾虑太多。

秘籍二：一路高歌，誓把"白骨精"当到底

野心勃勃的女汉子们，既然无法阻挡你们前进的步伐，那么就请说服自己的另一半或者父母，告诉他们现阶段不考虑组建家庭，将精力全部放在事业上。张爱玲都说"出名要趁早"，三十岁之前争取达到事业巅峰，然后以家庭为主。不过，冲得太猛之后回归家庭，容易产生失落感，很难平衡自己的生活，也容易错过身边的"有心人"，需要谨慎考虑。

在职业生涯发展的各个阶段，总会出现各种困扰，我们所能做的，就是提升自己，规划好自己的人生。

聪明反被聪明误

大伙儿下了班，一齐去 Oscar 家庆祝阿桂留下，并给雅妈践行。

女人天生爱争宠，女人们的"斗争"转战厨房，每个人的性格在每个人的菜里展露无疑。

雅玛把带鱼用盐、花椒、白酒腌制好，有条不紊地将它们封模，入冰箱冷藏一小时，后将之取出裹淀粉入油锅，煎至两面金黄。众人一拥而上："妈妈的味道，赞！"

阿桂虽是孕期，但还是做了最拿手的水煮鱼分享给大家，不愧是财务部的"呛口小辣椒"。在刘苏的帮助下，她得到了留下来工作的机会。阿桂不是一个懂得煽情的人，她举起筷子，夹了块鱼片给刘苏，两人相视而笑。

马丽心机十足，参战前做足功课，打算好好露一手，她做了道 Oscar 喜欢的肉骨茶，这是他去新加坡出差一直念念不忘的特色美食，齐全的小菜配套，秘制的茶汤，肋骨肥瘦相依，一口蘸酱油，一口花椒等调料，一口咬下去仿佛能听到肉骨茶的交响乐。

小凡不善厨艺，搬来救兵，善做湖南菜的"私家御用主厨"潘清用一道剁椒鱼头完美演绎了什么才叫湘菜。

最后一道是刘苏的小清新甜点——华夫饼，搭配冰激凌和烤香蕉两种蘸酱。

Oscar夸赞了各位美食家，尤其是刘苏，并拿出鸡尾酒配她的点心，大家欢欢喜喜地度过了一个香气弥漫的晚餐时光。

翌日清晨，电梯里挤满了人。

马丽阴阳怪气地对阿桂说："我以为Oscar和别的男人不同，原来也是个耳根子软的好色之徒！到底是年轻貌美，吹吹枕边风，就把人留下了！阿桂，你真该好好谢谢她。"

"刘苏可不是这样的人！"阿桂激动地叫起来，引起了其他人的注意。

刘苏也不恼，低声问："你有凭据吗？"

马丽说："别以为你一副清高、单纯的样子就能唬人。公司流传你和Oscar的花边新闻不是一天两天了。听说，有一次他从爱尔兰飞回来的第二天早上，黄总亲眼看见你从他的酒店房间出来。"

"哦。"刘苏想起来了。那次是Oscar刚回国内，次日清早来不及赶回公司，便召集各部门负责人分别到他的房间商谈。马丽在出差，所以刘苏替她去了，而且是第一个被召唤去的。从Oscar房间出来，正好迎面碰上"黄世仁"。这个似笑非笑的死老头居然假装没看见她，她索性豁出去了，上前主动打招呼："嗨，黄总，Oscar在等你！"

"黄世仁"意犹未尽地"噢"了一声。

于是，便有了马丽听到的那个传闻：刘苏升那么快，靠的就是Oscar地下情人的身份。

谣言的传播速度不亚于非典病毒。正当马丽大快朵颐地沉浸在中伤刘苏这枚眼中钉的愉悦之中时，一个她意料之外的地雷很快被总部的拆弹专家发现。

原来，总部收到匿名举报信，高层怀疑马丽负责的百斯特是用来和外围公司勾结的空壳，专门用来套取总部资金。

马丽通过总部的一个眼线事先了解情况后，打算先下手为强，偷偷写了封匿名信诬告刘苏，还列出了一些留有刘苏签名的假合同。

伪造合同罪名不小，她这匹小黑马不会因为金融诈骗的嫌疑落入万丈深渊吧？

面对总部内审，Oscar 很坚定地为她担保，请总部给他时间查明此事。

马丽见自己的上司并没有替自己说一句公道话，咬牙切齿地对着刘苏怒吼："神气什么呀！还不知道背后干了什么勾当。天塌下来都有人给你撑腰！"

刘苏戴着耳机，装作没听见。那些合同确实是她签字的，但马丽每次都是通过邮件授权她代签的。奇怪的是，那些邮件不翼而飞。东窗事发，她反倒成了马丽的代罪羔羊。

马丽生气地摘掉她的耳机："换成我，早就自己滚蛋了！"

刘苏平静地回应："你做了什么，心里有数！再说我是 Oscar 招进来的，要滚蛋也得他让我滚才行！"

全公司都在流传一个可笑的流言：财务部出现重大亏空，刘苏是 Oscar 的地下情人，携巨款准备潜逃。

连小凡的男友这么厉害的 IT 精英都没办法找到那几封授权邮件，马丽究竟是怎么做到的？唯一的解释，她黑了公司的邮件系统。人在罪恶边缘挣扎的时候，就成了无所不能的天才。

刘苏又一次被打回原形，她从未这么沮丧过。Oscar 迫于总部的压力不得不让刘苏停职，直到总部查清此事为止。

回到家，猫咪们刚刚吃完房东太太准备的猫粮。她还没走进房间便蹲下小声抽泣起来。情绪无处宣泄，她掩面哭泣，仿佛只有这样才不会让眼泪流下来。猫咪和处久了的人会比较亲近，轻轻跑过去蹭了蹭刘苏的膝盖，舔舔她的手背。这样的安抚让她觉得，猫是那么暖心的生物。

门口修鞋的老太太消失了一阵子又出现了，她去修补一双跑鞋，顺道问起老太太："怎么好一阵子不来？"

"前阵子做了手术摘了个肾，为了生计没休养多久就赶紧复出了。"老太太的脸上写尽沧桑与无奈。这就是生活啊。

"啊。"刘苏惊讶得说不出话来，递上一张五十块，没让找零钱就离开了。

小雨淅沥，那个流浪汉还在垃圾箱旁看书，撑着伞，刘苏看不见他的样子，不知道是不是那个帮她找到丢失凭证的流浪汉。她从包里取出两本书递给他，他冲她乐了，很有教养地说谢谢。

百无聊赖，约了兔子去"简单生活"。

魏澜的笑容和兔子的笑话也没法温暖她。

她不愿告诉恋人和闺蜜自己身上发生的一切，总觉得这道坎自己能跨过去。

她若无其事地点了她从来不喝的爱尔兰咖啡，居然醉了。她忘了，这是咖啡中的威士忌。

聚会结束了，谁也没有说再见，出租车在大街上游荡，就这么一直伴着夜色一路驰骋，漫无目的。

超过十二点，不想回家。刘苏找了家酒店开了一间单人房，把音乐开到最大声，用力哭泣。憋了许久的眼泪终于落下，那是人的身体在极度紧张后的释放。

早餐时间，去了大厅。

"哪个房间的？"侍应问。

"1408。"

"请进。"

几个客人齐刷刷望过来，目光里透着明白："夜半哭声原来是她啊。"

"你们酒店的粥真不错！"刘苏和侍应聊天。

"那当然，酒店的老阿姨大清早四点多就起来熬了，又香又稠。姑娘，好喝就多喝一点。"侍应边擦着桌子边对她说。

善良的服务生没有举报刘苏的扰民，每个人都有压力。压力大到开间

房哭一晚，谁还能忍心责备这个可怜的姑娘。

一个礼拜后的清晨，刘苏接到阿桂的电话："快来公司，你的事有结果了。"

刘苏顿觉腹痛，天旋地转，像是中了邪。到了公司才发现，大家都在议论着马丽被警察抓去调查的事情。

"怎么回事？"

"你还不知道吧？马丽不知道用了什么障眼法，挪用了公司的资金。总部已经找到了马丽的罪证，撤销了对你的调查。"

"据说是天衣无缝的计划，可惜她那人人见人厌，被人举报了，活该！"

举报人有可能是李舒舒，这个混迹官场擅用权术的精明女人自然懂得明哲保身的道理。她在马丽之前就知晓挪用公款的事情败露了，为保职位只得悄悄将马丽给她的"好处"汇进廉政账户，通过举报马丽为自己洗白。

同事一场，刘苏决定带上马丽的女儿一同去监狱。

法庭宣判那天，马丽死活不让前夫告诉孩子自己要去哪儿，直到入狱三个月后，她才写了封信出来：我要见女儿。

刘苏一直望着大片大片透明的玻璃，透过它们看向那个陌生而可怕的世界。约莫等了半个钟头，马丽走了过来，没有以往的傲气，神情憔悴，眼神里尽是落寞。看见刘苏，一愣，很快又缓过神来，强装镇定地拿起面前的电话，对着话筒说："你怎么来了？"

语气里还是有那股让人说不出的讨厌调调，也许她在为自己争取最后的尊严吧，毕竟她曾经是刘苏的"敌人"。

刘苏问她为什么这么做，她不说话。刘苏又说："瑶瑶的爸爸出差了，托我带她来看你。你很想她，是吗？"

她点点头。

身旁的女孩叫瑶瑶，马丽的女儿，今年五岁半。细细软软的小卷发，黑白分明的大眼睛，尖尖的小下巴，像极了妈妈。她一语不发地望着玻璃窗，那里头有个很像妈妈的人在说话，但是听不见她说了什么。

刘苏把话筒递过去，女孩甜甜叫了声"妈妈"。

"妈妈，这是我和爸爸叠的千纸鹤。爸爸说，妈妈犯了错误，我们每天叠一只千纸鹤，叠满一整瓶，妈妈就会回来了。你要加油啊！老师说，知错能改就是好孩子！"

刘苏听见自己心里"轰"的一声：她早已经知道妈妈被捕了。这对于一个小女孩来说，需要多大的承受力！

马丽说不出话来，一句话也说不出。警察没有让她落泪，法官没有让她落泪，这个不到六岁的小姑娘让她第一次在人前落泪，带着深深的忏悔。马丽的眼泪就像断了线的珠帘不停地落下。再强硬的女人心里也有最柔软的一块。

也许，假如有第二次选择，她一定不会把手伸进公司的口袋。

多么痛的领悟！

回来的路上，原本湛蓝的天空被突如其来的几片云黑压压地占据，眼看就要下雨了。一场狂风暴雨来临前，那个小女孩紧紧抱住刘苏，把柔软的小身体藏在她的怀里。

那片明亮的玻璃窗，好像是一扇任意门，把她的思绪带往一年夏天，她的父亲怒火冲天正举着菜刀满小区追杀她，庭院里的紫藤花怒放着。

那时她十岁，爱吃冰激凌。趁父亲熟睡的时候，两根小指头轻轻一捏，就从父亲的口袋里"借"走10块钱。

20世纪90年代，这可是一笔横财，至少可以买20根冰棍。

小小的刘苏躲在对面楼里，踮起脚尖扒着窗台透过玻璃窗看过去，那个疯子一般的男人正举着明晃晃的菜刀到处找自己，吓得她缩成一团。再看看自己的手，偷偷忍住没哭。

那时的刘苏自然不会知道，父亲只是在演戏，这是他独有的"震撼教育"。尽管粗暴，但简单有效。从此以后，刘苏再也没有顺手牵羊。

比恐惧更可怕的是麻木。

刘苏隐约感觉到自己只是大系统里的一颗微不足道的小螺丝钉，没有她，这台大机器照旧正常运转。但如果她没有接受指令，就会让这台机器出现故障。因为她已经不再是小会计，而是一个中层领导者。

Oscar 疑惑地问："听说马丽曾叫你滚蛋，你怎么说？"

刘苏含笑回答："我说，我是您招进来的，要滚蛋也得您叫我滚才行！"

Oscar 觉得她变了很多："你进步了，换做以前，你们一定吵得热火朝天。"

刘苏长长叹了口气："吃一堑长一智，谁叫那时人家有后台。听说董事会点名让她创办百斯特，除了才华，还有一些裙带关系。这次算她不走运，还不知道是给谁背了大黑锅，挺可惜的。"

Oscar 递过去一份合同："现在总部没人敢保她，谁也不能和法律抗衡。不管是谁指使她还是她自己鬼迷心窍，罪证在那儿，纸是包不住火的。现在百斯特已经被扼杀在摇篮里，而我们百特则需要一位新的财务经理，这是聘用合同，签不签？"

"我？"刘苏不敢相信自己的耳朵。她接过合同，之前的委屈都化作泪水，喜悦尽在不言中。

"不过上任第一件事：对账。雅妈离职，阿桂怀孕，人手真的不够。另外，你抓紧把招聘新人、培养新人这件事做好。"

★ 第 22 块方糖 ★

你知道在办公室的禁忌话题吗？初涉职场的你，必须学会分辨。多做事、少说话，与同事保持正常的关系和距离就好。

（1）健康状况。比如，当法律还没有保护乙肝携带者时，他们属于弱势群体，遭遇就业的尴尬，侥幸得到一份工作之后，时不时还得背着别人做体检和治疗。只要这种病不传染，就不必忌讳。倘若被"有心人"爆料给老板或者同事，即使他（她）没有被开除，也会造成很糟糕的后果，甚至被隔离到人群之外，背后指指点点的日子并不好受。

（2）机密资讯。目前，一般进入新单位，除了劳动合同外，你还需要签一份保密协议，这是单位对知识产权和核心技能的保护。如果一不小心随口说出，那么你就等着被炒鱿鱼吧！

（3）离职想法。当找寻新工作时，绝不能让同事知道。大嘴巴或恶意者可能将消息传入老板耳中。甚至有些企业的内网都是受监控的，你的一言一行都被掌控。如果还没有递辞呈，或者还在犹豫，就最好把话烂在心里，省得被人说闲话，落实到行动上再告知也不晚。绝不要透露你的离意，否则下意识里大家会表现出好像你已经离开，从心理和行动上排斥是必然的。

（4）发泄情绪的网站。假如你有在QQ空间或者其他论坛发泄不满情绪的习惯，换一个同事们不知道的号码或匿名。

（5）薪资。这是个相当微妙和隐私的话题。我们总对别人的薪水感兴趣，不由自主地在心里对比，却往往不愿意透露自己的。一旦你的薪资意外被公开，如果被高估了，大家就会嫉妒你或者引发一些臆测和流言；如果被低估，大家就会故作惋惜，顺便炫耀一下自己在老板心目中的地位，因为薪酬和价值成正比。避免流言的最好方法就是绝口不提。

（6）宗教、政治问题。这与上班无关，多说无益，只会浪费时间。

（7）所享特权。虽然有机会接近老板和重要客户，不断夸耀

自己同他们共同出入高级社交场所以及得到的好处，只会有损自己的形象。不要以此惹怒同事，大家会对你社交之外的实力有所质疑。

（8）私人生活。这是最容易被人以讹传讹的话题，保护好自己的隐私，祸从口出。

（9）流言蜚语。对伤人的流言蜚语绕道而行，做到"流言止于智者"。

第23杯

新人来了

出了办公室，一阵欢呼。

小凡订了 KTV，为刘苏庆祝升职。

马丽的事情究竟是怎么回事？

事情要追溯到马丽入狱前几个月。

马丽告知集团说这个月还要做一笔一个亿的业务，但是现在税票不够了，需要再增票。数额太大了，一个月开两个亿的发票不是小事，最终引起了税务机关的注意。

当时刘苏还犹豫着，这事要不要向 Oscar 汇报，新公司百斯特的票面金额越来越大，虽然有正式的货权在转移，但总归让人觉得不对劲。

Oscar 那时说："其实你和财务经理算是平级，只不过你的资历较浅，我并没有给你任何授权。既然你觉得这件事威胁到了公司利益，我会让人事部把你的级别提升到和马丽一样。有时候，你可以直接指挥财务部任何人，不需要通过她发号施令。"

当时谁也不知道马丽居然借壳挪用公款，涉及做假账，欲盖弥彰。事发后，刘苏对照合同，重新梳理应收账款，发现了一个多亿的金额差距，吓出一身冷汗。

Oscar 锁紧眉头，派给刘苏一个重要的任务：给新招进来的员工分配工作，在确保财务工作顺利进行的同时带着助手去客户的公司对账，火速收回应收款，弥补马丽造成的损失！

自从预算那场漂亮的翻身仗和成本控制计划实施之后，平日嚣张跋扈的 Sam 像是变了一个人："看我们的 Sue 总是加班，都瘦了，黑眼圈很重。改天我从台湾给你带面膜和牛肉干。"

刘苏笑笑，知识就是力量，现在才明白这个简单而深刻的道理。遇强则强，Sam 也算是动力之一。没有他，自己又怎会那么努力地研究财务管理知识，顽强地抗争呢？

两天后，Kid 领进两个羞涩的小姑娘，敲敲刘苏办公室的门，笑着介绍说："刘经理，这是已经通过三轮面试的两个姑娘。"

刘苏朝她们点点头，示意她们坐下。

Kid 替她们关上门，笑盈盈地鼓励两个年轻人："从现在起，你们就是红色娘子军的主力了，好好跟着刘经理学吧！"

女孩们都是大学刚毕业，风华正茂的年纪。从她们身上，刘苏仿佛看见了从前的自己。

这段时间发生了太多事，马丽进了大牢，雅妈离职，阿桂休产假，小凡被调到别的部门，只剩下她和一些仓库和统计部的员工了。更新换代是任何一个体系成长的必经阶段，刘苏暗下决心：一定要好好培养她们，把财务部发展成最强大的军队。她决定留下其中一个新进职员菁菁负责百特的日常财务工作，因为她有实习经验，基础业务不用她手把手教。另一个实战经验不足，但应变能力不错的马雯，则成为她这次远行的助手。

★ ★ ★ ★

★ 第 23 块方糖 ★
要想带好队伍，除了过硬的管理技能，还必须拒绝当夹心层。

沟通艺术在职场必不可少。

1. 与上级沟通的几个要点

(1) 不卑不亢，不一味恭维与盲目服从。

(2) 别在上司面前一个劲吐槽。

(3) 顾全大局，不要以自我为中心，要善于从整体考虑，为上司出谋划策。

2. 平行沟通的艺术

(1) 要与当事人沟通。平行沟通不同于向上或向下沟通，中间存在着权力谁大谁小的问题。由于双方没有上下从属关系，所以对方完全可以不买你的账。化解矛盾的工作，应该在当事人双方展开，而不是向老板告状，那只会使问题更加恶化。

(2) 要做到积极主动。如果沟通不畅，双方都不愿退一步，那么问题永远解决不了。

3. 与下级的沟通

真诚的沟通是化解部门中矛盾与问题的最好方式。放下姿态，平等沟通。

控制情绪，理智沟通，下属才能接纳和理解你。管理者与员工之间只有职位高低、权力大小，没有人格上的高低之分，切忌摆官威。

第 24 杯

微笑女神的秘密

刘苏带着马雯，同 Sam 一行抵达 J 市的工厂。

一位很有学长相的男人接待了他们，白衬衫，英伦格子背心。见来者是两个背着双肩包的小丫头，顿时松了口气，不由笑起来：百特怎么派了两个实习生过来查账？

刘苏也笑：发型显年轻。

对方先是一愣，心想：这姑娘反应不错。

刘苏带着账单来到工厂财务部，与一个戴着老花镜的财务对了会儿账。接着，差马雯复印了些资料，令其核对无误后，才做了张对账单与对方签字确认。

这家不起眼的小工厂因为和百特一直长期合作，借着合同漏洞，用预付款抵充应收账款，欠下百特两千万的账款。

"学长"点了一些地道江鲜，假模假式地喝了一顿酒，插科打诨聊了聊当地文化。约莫两个小时之后，在刘苏的"提示"下，谈话才渐渐进入正题。

"学长"不停吐槽，经济不景气，不少供应商拖他们的款，他们不得已才拖了百特的钱。Sam 虽然嚣张，但资金不回笼，他也很难向 Oscar 还有股东交代，他的铁齿铜牙加上刘苏做好的对账单，对方才软磨硬泡，答应支付一千万元银行承兑汇票。

早餐是一只足足有四个拳头大小的蟹黄汤包。包子货真价实，"学长"也言出必行，说了他们厂的低迷境况，金融危机订单退了一大堆，影响了整条产业链，资金周转不灵，只能先付一部分。

刘苏想：企业碰上资金链断裂，后果不堪设想，小到停产，大至破产。至于应收账款，收一笔是一笔，有总比没有强！

初战告捷，有了对账经验，Oscar让人事部替刘苏和马雯定好了机票，继续漂流，第二站是X市。金额是上次的两倍，南方人多半疑心重，不信生人，但数字能化解很多矛盾。

刘苏对那个口齿不清的南方老板说："如果你们依旧拒付，百特会诉诸法律行动。您是生意人，惹上官司很麻烦，我们百特也怕麻烦。账单在这里，请您过目。如果您不付我们钱，我就在这儿定居了，天天来登门拜访，希望您别嫌弃！"

机灵鬼马雯也在一旁帮腔："嗯，你们这儿帅哥挺养眼，我打算在这儿谈场惊心动魄的恋爱。"

看着详细的账单，他们也无话可说，允诺十天内电汇账单上的数字给百特。

下一站B市。

马雯在刘苏的指点下，渐渐了解了对账技巧。

休息时，她问刘苏："刘经理，你怎么那么厉害！"

刘苏浅笑："等到了我这个年纪，你也会很厉害的！"

流浪久了，突然很想念家，那个南方小城，想念锅盖面、甜酒酿、韭黄炒牛肉丝、虾酱、狮子头。甚至连那个曾经很讨厌的女房东和烦人的猫咪在她的记忆里都变得亲切可爱起来。

一多愁善感就会变得矫情，上飞机前鬼使神差在朋友圈里群发了一条短信：如果有一天，我死了，你会想我吗？

朋友们一一回复：你怎么了？在哪儿都记得你！

没来得及回复，漂亮空姐提示：登机，请关掉手机。

突遇气流，飞机颠簸得厉害，莫非那话真灵验了，刘苏真想抽自己两个大嘴巴：呸，干吗乌鸦嘴发条"遗言"。

一瞬间闪念一想：我在这世上认识那么多朋友，替公司追回将近一个亿的应收款，哪天要是从飞机上掉下来死了，身上总算不会再有垃圾场寻凭证时的腐臭味，那是属于一个失败者的死亡般的味道。追悼会上没准还会被表彰"因公殉职"，身上撒满金黄色的小雏菊，刘苏心想：我可不喜欢菊花。

没多久，空姐过来宣布飞机已经成功穿越云层。危机解除，刘苏的心终于放回胸腔，马雯抬头看看窗外，云朵绵绵柔柔地待在那儿，太阳照常升起，阳光明艳艳地普照大地，一派和平盛世的味道。

回家后，刘苏没和魏澜、兔子、Kid 提关于遭遇气流的半个字，好像什么事都没发生过，倒头就睡。

刘苏的漂流之旅终于结束，她交上一张漂亮的成绩单，没有抱怨这半年的辛劳，也没有提及对账期间被对方公司诱惑跳槽的小插曲。

"你知道你为什么会成为财务经理吗？"Oscar 请她去了"简单生活"，边喝咖啡边聊天。

"外界都在盛传我是您金屋藏娇的小蜜！"刘苏越来越爱开玩笑，她觉得为 Oscar 这样的上司工作，是她的福气。

"哈哈，我很多情，但绝不滥情。"Oscar 虽生性风流，但他就是能公事公办，并且清楚地知道名花有主的刘苏并不是借男人往上爬的那种女子。

"像我这样幸运加实力，又爱傻笑的女子，运气总不会太差！"刘苏自信满满地看了看他。

Oscar 神秘一笑。

难道，有什么秘密？

"安东尼向我推荐了你！若不是我们的这位大股东推荐了你，我可不敢用你这个初出茅庐的小会计当财务经理。"Oscar 这回并没有卖关子。

安东尼？

他是谁？

事情得追溯到刘苏未上任前。

开往 C 市的高铁上，刘苏旁边坐着一个沉默的男子，四十多岁的年纪，瘦小而安静。他正紧锁眉头，目不转睛地注视着列车报站信息屏上滚动的鲜红色字体。此时，车厢里传来甜美的女声：前方到达的是 B 市，请下车的旅客提前带好自己的行李，做好下车准备，祝您旅途愉快！

"唔，还有一站！"男人喃喃自语，敲了敲僵硬的后背，舒舒服服伸了个大大的懒腰。

"不好意思！"男人的动作有些大，不小心碰到了刘苏。

"没关系！"刘苏礼貌回应。咦，好面熟！像是在哪里见过！是公司的同事吗？刘姑娘的脑海里迅速闪现了无数张面孔，企图找出与之相匹配的那一张。从西蒙到艾伦，再从弗兰克到安迪，都不是！他到底是谁？

男人注意到身边这个皮肤白皙的年轻姑娘正在疑惑地盯着他瞧，紧锁的眉头突然舒展开，问道："姑娘，我脸上有脏东西吗？"

"哈哈，没有，只是觉得您很面熟。"刘苏深吸一口气，索性单刀直入询问，"请问，您是不是在古德工作？"

"哦，没错！你是 FBI 派来的吧？"男人忽然放下戒备，变得很和气，没那么拘谨了。

"呵呵，我是古德集团下属分公司百特国际的员工，我叫刘苏，很高兴认识您！"刘苏突然想起来了，三四年前，还是财务部小妹的她帮行政部的梅布置会议室时见过这个看起来其貌不扬的男人。啊，啊，啊，完了，那个会议是古德集团在总部召开的高层管理会议，这人的级别必定是总监以上。居然在火车上偶遇遥不可及的企业高管，太奇妙了。若是在公司，一定不敢搭腔，因为不够资格。古德这几年发展成为集团公司，全球员工过万。虽然刘苏在短短两年内连续不断地成功晋级，从一个小会计做到材料组组长负责核算成本。论资排辈，她还是一个小小的财务人员。

在 B 市到 Z 市的车程中，这两个地位悬殊的人没有过多的聊天，只是一同抱怨 C 市变化无常的鬼天气，也一同赞美公司附近好吃的牛肉面馆。接下来的半个钟头，刘苏实在找不到话题，也没有对陌生人过度热情的心情，索性从包里翻出中级职称考试的复习资料看了起来。高管呢，就是高管，火车上也不忘工作，打开笔记本查看邮件，偶尔接几个电话询问下属工作进度。

有时候，你必须相信，在某年某月的某一天，你会遇见命中注定的贵人。刘苏万万没想到，她的贵人就是火车上偶遇的男子。事实上，那天一段简短的礼貌性交谈之后，她给神秘男子留下很好的印象。

因为坐火车很无聊，刘苏索性打开中级职称的参考书开始复习起来。新人考证按照从业—初级—中级，一步一步加深，循序渐进比较好。刘苏按照工作资历，完全有实力通过会计师的考试。这也为她当上财务经理增加了重要的砝码。

古德和百特业务往来的账单都是由刘苏负责。此后，每次看到刘苏的报表，他都会很仔细地给予邮件回复，并一一指出问题及修改意见。刘苏是个很懂得把握机会的好姑娘，每一次都会认真细致地查漏补缺，最后交上漂亮的作业，所以马丽辞职后，在这位神秘的贵人向 Oscar 大力举荐之下，刘苏才顺利得到了百特财务经理的职位。

当时，初出茅庐且默默无闻的小姑娘跃跃欲试之余，不禁心怀忐忑："我能胜任么？"刘苏在古德集团工作了三年，从普通的小会计做起，对公司的财务流程运转非常熟悉，但要担当子公司百特的财务经理，她不禁有些担忧。害怕自己无法胜任这项工作。

一个管理人员在职场毫无立足之地，一般会选择主动跳槽，动因很多，或者下属不服从指挥，工作难以开展，最后忍受不了而辞职；或者因为和领导没法配合，觉得领导的水平太差无法理解自己、不支持自己，导致自己的工作无法开展而辞职；或者和其他部门无法配合、工作开展不顺甚至无法开展而辞职；或者因为没有做出成绩来，而遭到老板的冷遇，被迫辞职……

铁娘子马丽的群众关系太差，没有人配合她完成工作，孤军奋战，能力再强也无济于事。她肤白如雪，小巧的尖下巴，明眸皓齿，集美貌与智慧于一身。第一眼看上去并不讨厌，但是做出来的事情却让所有人都咬牙切齿。即使不是因为犯了法，她也会因为人缘问题被踢出局。刘苏可不想步其后尘，得想办法尽快进入角色。

上任前，安东尼提醒 Oscar，帮帮小姑娘，简单介绍一下分公司财务组织架构及汇报路线，免得她走太多弯路。

谈话进行了一个钟头后，尽管有贵人相助，刘苏依然倍感压力。

如果一家公司的财务工作开展得很顺利，原则上是不会对外另招聘经理的。一般决定外招财务经理的，大多数的情况是财务工作乱得一塌糊涂。因为，财务工作如果开展得顺利，前任经理基本上不会离开，即使离开也是高升了或者另谋高就了，而这种情况留下来的"肥缺"，基本上都会从下面提拔来解决，很少外招的。工作开展顺利而外招的情况无非三种：公司规模扩大了，老板需要更高级的人才；公司想上市了，必须要请资本推手；公司开设新项目，需要增加新的人手。除此之外，一家公司如果决定外招经理，绝大多数的情况都是财务工作乱得一塌糊涂，包括账务混乱、程序混乱、数据混乱等。

所以，无论什么原因，如果你成功当上财务经理，先别忙着高兴，等待你的一般都是一个烂摊子！不过，付出一定是有回报的，承受压力的回报就是增值。大多数情况下，晋升是加薪最快的途径。

Oscar 看出了刘苏的迷茫，以一个财务总监的身份指点迷津："首先，是清理账务和报表。确保先把会计基础建立起来。至少要保证月末报表出来后，你能做出合理、准确的财务分析，并能够在公司会议上进行详细的说明，实实在在地指出经营管理过程当中存在的问题，而不仅仅只是演示几个指标、比例等。做到了这一步，你的职位基本上就稳定了。"

刘苏认同地点点头，Oscar 提示性地问她："财务工作的基本功能有哪些，你能回答我吗？"

这个问题显然难不倒科班出身的刘苏，她迅速回答："通常我们都知道财务工作的基本功能有：记账、统计、核算、监督、管理、分析、预算、控制等。这些工作应该是层层推进的，也就是从记账开始，先做好最基础的，然后再逐步向更高层级推进。"

"很好！"Oscar 很满意自己挑选的经理人选，果然没看走眼，继续聊他对于财务工作的见解，"现实当中，很多财务领导总是轻视最基础的记账、核算工作，一开始就想搞财务控制，这无异于建空中楼阁。而现在很多的企业，包括部分国企、外资企业，连基本的记账都记不清楚，核算就更不用说了。做财务工作，无论你在监督管理方面有多努力，也很难得到老板的认可，因为连基本的账都记不清楚、核算都做不出来、报表也报不出来，或者做出来了，却错误百出，凭什么老板要认可你是个有用的人才？"

"我该怎么做呢？"当惯了兵的刘苏对于领导这样一个高不可攀的职位有些没信心接手。

"别怕，我是你的直接汇报对象，有什么不明白的，可以直接来问我。第一步，一定要首先对记账、统计和核算这样最基础的工作进行梳理，确保这些基础工作都有条不紊地进行，确保最基础的数据能够准确、完整，有了这些，才能再谈其他，否则只能是空谈。"

"这是最基本的，我接受过专业训练。"刘苏渐渐自信起来。

"嗯，我相信古德训练出的小会计是有实力的，不过当财务领导和当会计还是有一定区别的。不要小看这些基础工作，这里面也要讲究技巧和方法，方法正确、技术好的人，不仅能做到数据准确，而且工作轻松；而方法不对、缺乏技巧的人，工作就会显得忙乱而辛苦。一个新任的财务经理，能否让下属服从和配合，方法和技术是非常重要的。"

"这也是我的压力所在。"刘苏很坦白。

"如果你的专业技能、业务水平、管理方法让下属信服，并且感到工作更简单、更轻松、更准确了，他们就能基本认可你。如果你的方法和技术还不如下属高明，凭什么人家要服从你？如此，新任职的财务经理，下属人员是否服从、配合你，不是取决于你的职位，也不是强制性的行政命令能做到的，而主要是你的程序、方案、方法能否让他们认同。也就是说，下属是否服从你、配合你，取决于你的业务水平和能力。"Oscar一阵见血的指导让刘苏更加彷徨。

不可否认，有财务基础工作做得相当差、公司财务显得混乱不堪而财务经理或者财务总监却坐得四平八稳的情况，但这是人家真的命好，刘苏自叹没那种命，所以前方的路很坎坷，只能走一步算一步了。

Oscar继续提示："刚才的建议只是一个方面，我想提醒你的还有很重要的另一方面。你必须学会梳理财务的操作流程，主要是对基本的操作程序进行梳理。梳理的方法，不只是看纸面的文字规定，纸面上写的，只能作为参考，实际操作也许早就变更了，因而一定要深入实际，要到现场实际查看各个岗位的具体操作，在必要时，还要对经办人进行仔细的询问。你能说说你在工作中遇到的问题吗？"

"实习的时候曾经接触过一个老板，他总觉得财务是在拉业务的后腿。老板说这话是很伤财务人员的心的，因为做财务的也许自我感觉是在对公司负责，在为老板把关，而实际结果却让业务部门和老板都产生了财务是在拉业务后腿的看法。遇到这种情况，我们大多数人都认定是老板不懂财务，不重视财务。而实际上，虽然这也是其中的一个重要因素，但客观地说，我们自身财务流程的确做得不好。这也是我在做会计时常遇到的很尴尬的事情，向上级提过很多建议统统没有被采纳。如何协调与其他部门的关系，共同完成工作，梳理操作流程问题很棘手。"

"嗯，你很聪明。很多情况下，专业财务出身的人都有非常强的责任心和使命感，觉得做财务就一定要管控，否则就是不负责任，就是没有职业道德。结果导致现实当中为了管控而忽略了最起码的要求，即部门间的配合和办事效率。为了管控而忽略了部门间配合的重要性，由此导致业务部门和财务部门的严重对立，到最后演变成了财务部处处感到业务部门的不配合；为了管控而忽略了办事效率，就会导致业务开展不顺利，最后把所有的责任和过错都"主动"揽到财务部门。这样，当一个新任财务经理到岗时，遇到的状况往往就是：业务部门严重不配合、涉及财务的办事效率低下、在老板眼里财务的地位极低。所以，新任财务经理，在梳理账务和报表的同时，要重点梳理财务的操作流程，完善并简化财务手续，首先提高财务自身的办事效率；其次要和业务部门有效沟通，重新建立良好的配合关系。"Oscar非常理解刘苏此刻的心情，空降兵要想做出掷地有声的决策，需要一定的魄力和强大的内心。

接着，上任后的一幕幕就像电影片段一般在她脑海中一帧帧闪现，招新人、智斗客户追回货款、遇上飞机气流……

简单生活的灯光忽闪忽闪，明快的歌谣将刘苏很快从回忆中拉回来。

原来，她是如此幸运，她感谢自己在三十岁前经历了这一切，遇见爱她的和恨她的人，统统教会了她什么叫痛并快乐着。

★ ★ ★ ★

★ 第24块方糖 ★
公司的财务管理水平应当与公司的发展阶段匹配，融合业务流程与财务流程，明确各方操作责任和流程、规范财务与业务运作，才能有效提升企业的管理效率。

1. 打好群众基础

在和业务部门沟通时，一定要带着解决问题的目的去沟通，而不要将对方放在敌对面。如果带着要管控的意识去沟通，那一定会被能说会道、懂得察言观色的老江湖们逼到墙角。还不够资深的职场菜鸟一说话，他们就能听出"潜台词"，立即就会产生戒备和对抗心理，后面的沟通协调就会非常困难。 如果解决了账务和报表方面的问题就能够得到老板的认可，那么梳理好财务流程就能得到其他部门的认可。如此，新任职的财务经理基本上就得到了公司上下的认同，工作和职位也就得到了保证。

2. 管控得当

新任的财务经理一定要先把工作做到位，才能开始考虑财务管控的问题，否则会招致业务部门的反感。不能带着管控的意图，这并不是说放弃管控，否则财务就只是个记账会计了。但何时开始管控，一定要看准时机。在流程的梳理和执行过程当中，肯定会发现很多管控方面的问题，积极对这些问题进行搜集、整理。在账务、报表工作理顺后，就可以开展财务分析工作，把这些问题一一暴露出来，全部反映给老板。在做财务分析时，结合财务数据揭示管控方面存在的问题，任何人都无法反驳，且容易引起老板的重视。一旦老板认可你的分析结果，财务管控工作就可以开始了。

3. 学会用财务语言说话

作为新任财务经理，财务分析就是你最好的展示机会。数据、指标、比率、图表的分析会让你显得十分专业，体现你的价值。

你的地盘

恼人的梅雨季，小雨稀里哗啦没完没了地下，惹得人心烦。刘苏正在处理一个解不开的难题，桌上电话响了。

是 Oscar。

"嗨，Sue，有空？"

"正在忙！"

"我们可怜的美女经理连出来喝杯咖啡的工夫都没有吗？"

"实在抱歉，Oscar，我现在连起身喝杯水的时间都没有。等做好业务流程表，我请您喝五大杯 Espresso。"刘苏不是一个会谄媚的下属，对于上司的邀约婉言拒绝。

"哈哈，看来燃烧的小宇宙要爆发了。工作很重要，休息也同样重要。我可不希望我的下属是个工作狂，如果一个难题暂时解不出，可以先放放。你请咖啡，我来帮你解题。"

"成交！"刘苏欣然赴约。

到了"简单生活"，Oscar 点了杯拿铁，并没有直入主题："咖啡不错！"

刘苏的那一杯还在魏澜的手里调试着，等待的 2 分钟好似半个世纪那么长。

"确实，拿铁咖啡很经典，意大利人常常把它作为早餐的饮料。"与其

209

苦等，不如和 Oscar 聊些轻松的话题。

"是什么做的？" Oscar 怎么对这个感兴趣？真奇怪！

"应该是咖啡和牛奶。"

"准确点！"

"意大利浓缩咖啡和牛奶。"

"很好，财务人员的精准你达到了。我曾旅行去意大利，他们的炉子上通常会同时煮着咖啡和牛奶。喜欢喝拿铁的意大利人总是钟情于牛奶，他们把最具意大利特色的 Espresso 混合普普通通的牛奶，结果就创造出了令人难以忘怀的拿铁。" Oscar 的话让人产生了一些联想。

终于，她的咖啡到了。魏澜为她冲了杯抹茶拿铁，不同于咖啡的苦涩，甘甜中具有高雅苦味的抹茶拿铁，只要品尝一口，就能让人暂时忘却烦恼与疲劳，堪称治愈系甜品。

喝上一口，她仿佛看到了一间看得到阳光的美妙厨房，锅里醇厚浓郁的咖啡香气迷人，冲入温润的牛奶调味后，原本甘苦的咖啡变得柔滑香甜、甘美浓郁。男友魏澜在吧台冲咖啡的样子帅气极了，以后在工作间隙下楼谈恋爱也不坏！

哪怕是远远看着，心里也是欢喜的。

"咖啡很棒，知道怎么做的？" Oscar 的话题总离不开咖啡。他怎么了？

反正也没心情聊其他的，咖啡是刘苏的最爱，这个问题难不倒读书时在咖啡馆打过工的她。

"拿铁分很多种：意式拿铁、美式拿铁、欧式拿铁、焦糖拿铁等。先说说我最喜欢的意式拿铁，做法超级简单：一小杯 Espresso 和一杯 200 毫升的牛奶混合即可。"

"比例呢？" Oscar 打破沙锅问到底。

"拿铁咖啡中牛奶多而咖啡少，在刚刚做好的意大利浓缩咖啡中倒入接近沸腾的牛奶。事实上，加入多少牛奶没有一定之规，可依个人口味自由调配。"刘苏很轻松地回答。

"如果我想喝美式拿铁呢？"Oscar 出难题。

刘苏接招："如果在热牛奶中再加上一些打成泡沫的冷牛奶，就成了一杯美式拿铁咖啡。你手里这杯就是美式拿铁。看，底部是意大利浓缩咖啡，中间是加热的牛奶，最后是一层不超过半厘米的牛奶泡沫。"

"中间那一层加热到多少度？"

"65 ～ 75℃。"

"很好，那么最后一层的奶泡呢？"

"没有具体度数，只要是冷的就成。"

"你很专业！"Oscar 赞叹，喝了一口拿铁，那层奶泡下藏着的醇香依然有温度。

"半专业，以前在咖啡馆工作过，略懂一二。"刘苏谦虚地回应。

"好了，你说说你遇到了什么难题。"Oscar 放下手中的咖啡杯。

天，终于说到正题。刘苏刚刚从懊恼的情绪中释放出来，又被扔进高压锅。

"最近总部下达了绩效考核的指令，必须提高管理效率，虽然之前我们也一直在改善，并和 Kid 联手制定了一些管理方案，但我还是发现了一些问题。在财务机构职能方面，机构职能不清晰，与其他部门的工作衔接不明确，形成各部门实际工作的劳动重复。公司上上下下对财务管理职能的认识不够，财务机构的定位较低，我的娘子军团人微言轻，财务管理职能的发挥受到很大的限制，难以支持公司的战略发展。"

"职能不清晰确实是硬伤。"Oscar 明白了刘苏的处境，她这个财务经理很难当，谁会把一个丫头片子放在眼里？

"这还不是最大的问题。我们财务部的功能仅限于会计核算及资金调拨，资金管理、税务筹划、财务计划与监控、决策支持等职能相对弱化。"

"嗯。"Oscar 应和着，却不发表过多言论，只是静静地听着，中间喝上几口咖啡，又接着听下去。

"在财务机构和岗位设置方面，我的前任马丽并没有随着公司的发展作相应的调整，只能满足会计核算、资金拨付的需要，非常重要的资金管理、税务筹划、财务计划与监控、决策支持等职能缺少相应的机构和岗位平台支持。"

"有没有想过重新洗牌？"Oscar 提示。

"可以吗？"

"为什么不可以？你是管理者，你有权力根据具体情况做出相应的调整。就比方拿铁，如果客人需要的是美式，你端上意式，他该不该买单？如果你按照客人要求端上的是美式，但是制作过程中牛奶的温度并没有加热到 65 ～ 75℃，口感不达标，对于一间不够专业的咖啡店，客人会不会再来？况且，旧人们一波波地离开，新人们一批批地涌进来，正是改革的大好时机。"

"您的意思是？"刘苏心里已经有了答案，她还需要一个人的认可。

"你的地盘，你有权力按照自己的想法去规划。财务经理确实需要强大的决策力和判断力，但同时也需要审时度势，具体情况具体分析。如果工作很难做，不如把难题丢给对方，做几个流程方案让对方选择。经过管理层会议讨论后，步步推进并实施，你的计划就不会白做。一杯可口芳香的拿铁需要准确的原料、工具、流程，这些工艺不完全是由你前方看到的那个帅气服务生一个人完成的，而是由背后的团队集体完成的，切忌让自己变成一座孤岛，也不要把自己当成软柿子任人捏。你还发现了什么问题？"Oscar 鼓励道。

"在基础管理方面，我发现我们的核算工作不够系统化和规范化，导致业务流程和核算流程存在一定程度的脱节。"刘苏放开胆子叙述道。

"还有呢？"Oscar 引导她。

"财务支出审批的责任不够明确，没有明文的授权管理；资金的收付和日常管理存在不足，缺少适用制度进行规范。财务会计档案的归档、保管和借阅缺少明确适用的制度规定。"

"很好，你刚上任没多久就发现了问题所在，非常不错！建议你把这些问题归集起来，然后写一份合理化流程提交相关管理部门，通过发起会议共同决策如何改善。至于牛奶与咖啡的比例，当然要根据百特需要的口味来调配。"

Oscar 为集团工作了十几年，很显然他对组织的财务状况颇有发言权："在目前的经济时代，几乎所有决策过程都必须考虑财务因素，而公司的业绩也主要以回报率来衡量，财务经理如何适应这种变化，从传统的财务观念中走出来，如何改善自己的管理知识结构，如何提升自己的管理水平，不仅仅制约着财务经理自身的发展，也制约着一个公司财务水平的发展，甚至决定了一个公司的发展水平。"

他并不是在耸人听闻，言简意赅地描述一位优秀财务经理所必须掌握的现代财务管理知识，如何对它们之间的结构进行深入浅出的分析、构建和探讨，是刘苏为之痴迷的问题。

听君一席话，胜读十年书。前路迷茫，是人是妖，统统逃不出如来佛的神掌。在百特，这如来一定是比 Oscar 道行还要深的神人，刘苏这个天兵天将做好一切准备冲出去除魔降妖。有了 Oscar 这个太白金星的帮忙，必定能杀出一条血路来。

★ ★ ★ ★ ★

★第 25 块方糖★

财务经理要根据公司的发展战略和发展阶段，界定财务机构的职能，设置财务机构和岗位，实现管理提升的平稳过渡；与业务流程相衔接，整合会计核算流程，在完整的流程中明确会计核算的位置和财务管理的重点，从而明确财务人员、各级业务人员和高层管理者之间的责权，提高组织和管理的效率和效果；制定财务基础管理制度，规范财务工作。具体如下：

(1) 公司管理层应更新管理理念，根据公司的发展需要不断调整财务的职能和机构设置。

(2) 清晰界定适合公司发展的财务机构职能，赋予财务机构在公司管理体系中应有的职能。

(3) 建立起适合公司发展现状和管理水平提升的新的财务组织机构，明晰各级岗位职责，为财务职能的充分发挥提供组织保障。

(4)实现业务与财务的有机结合，加强财务分析和财务监控，提升决策支持力度。

(5)重新诠释公司的核算流程，明确会计政策，规范账务处理。

(6) 建立健全会计报表规范，明确公司会计信息质量提供的要求、程序和责任，确保会计信息的真实、完整和及时。

(7) 设计财务基础管理制度，提升管理水平，保障经营管理的规范运作。

第26杯

新人该懂的那些事儿

是时候重新洗牌了！

刘苏为了考验菁菁完成任务的能力，命其去买杯焦糖玛奇朵。

菁菁先到了离公司最近的第一家咖啡馆，老板说："为了保证口感，我们店不外卖。"菁菁之后又去了第二家咖啡馆，店员说焦糖恰好用完了，要过几天才有；菁菁又去了第三家咖啡馆，这是家书店，根本不卖这款咖啡。

快到中午了，菁菁只好回公司，见到刘苏后，她委屈地说："跑了三家店，快累死了，都没有，过几天我再去看看！"

刘苏看着满头大汗的菁菁，欲言又止……

"刘经理，我是不是很笨？"菁菁有点沮丧。

"不，你没有错，只是经验不足！什么是任务？什么是结果？买咖啡是我交代给你的任务，买到咖啡就是结果。之前我出差的那段日子里，只有你在财务部独当一面，辛苦了！我选择你，而不是马雯坐镇财务部的原因很简单，因为你比较有经验。但你却把这种经验带到了新环境，根据自己的做事习惯安排业务流程，这样反而遭到其他部门同事的投诉。你有了苦劳，却没有功劳，知道为什么吗？"刘苏直击要害。

菁菁摇了摇脑袋，双手紧紧攥着碎花裙的裙角。

刘苏想让新人尽快进入角色、少走弯路，就不遗余力地告诫她："因为你没有为公司提供结果。要知道公司是靠结果生存的，如果我们每个人都满足于苦劳，满足于'我已经尽了自己最大的努力，结果做不到我也没办法'，那么公司靠什么生存？客户会因为我们工作很辛苦，但没有提供优质产品就付钱吗？供应商会因为我们每天加班加点，但没有给出合理的价位就发货吗？如果我们要任务，就不能给自己找一千个完不成任务的借口。在企业工作并不是让你去爬珠穆朗玛峰，完不成任务是因为你没有执着地去做！"

"经理能给我一些提示吗？"单纯的管理理念是新入职场的小妮子没法明白的，好在菁菁是个勤学好问的好孩子。

"好，我们就拿买咖啡为例。买咖啡是任务，买到咖啡是结果。你的确跑了三家店都没有买到，这就意味着你已经付出了劳动，却没有结果，如何让自己的劳动不白费？只要执着地要结果，就有很多办法：比如上网搜索附近咖啡馆的电话，打电话问其他店是否有我要的那款咖啡，这样可以大大节省跑咖啡馆的时间。甚至可以换个思路，问问我是否可以尝试其他口味的咖啡。如果可以，就向我推荐你觉得口碑最好的咖啡。但你这么做了吗？"

"没有！"菁菁的脸一红，手更加不知道该往哪儿放，像个犯了错等待受罚的小孩子。

"为什么你不这么做？"刘苏并没有责罚的意思，而是平淡地问道。

"因为我只想着一件事：你安排我做这件事，我就必须做好这件事，我要对我的任务负责。所以跑了一家又一家，但结果还是……"菁菁低下头去。

"但你对这个任务的结果负责了吗？公司真正想要的是让员工闭门造车地做事吗？不，公司要的是这件事的结果！"

"我明白了，刘经理，我会慢慢改变自己的做事方式！"

"去吧，好好干！买咖啡只是个小测试，其实我喜欢的是拿铁！"刘苏笑了起来，她的笑声也让菁菁放松了许多。

对待听话懂事的员工，刘苏没有过多的责备，而是考虑如何安排工作。

大腹便便的阿桂不再跑银行，提升至管理会计，负责做账。菁菁负责应收应付，通过那次考验，刘苏发出她比较适合做一些不需要太多应变的工作。而机灵的马雯负责银行业务，也就是出纳工作。两个新进员工之中，也许是因为一同对账，飞机上共患难的关系，刘苏比较偏爱机灵贴心的马雯。

"我叫马雯，B型血，天秤座。我是你们需要的人！"

刘苏至今还记得当初面试的时候，这个姑娘自信心爆棚，就像从前的自己。初生牛犊不怕虎，因此刘苏一眼相中了她。

买咖啡这个小测验，马雯很轻松地过关。第一，她细心留意过公司附近的咖啡馆，知道哪家有刘苏想要的咖啡；第二，她知道刘苏爱喝拿铁。所以，原本有焦糖玛奇朵的那家咖啡馆因为机器故障而没法卖给她时，她机智地询问刘苏，是否可以接受拿铁。所以，刘苏很喜欢她。

可这个新人偏偏也没让她省心——马雯要求加薪。

在公司筹建期，一人做多人的活儿，有抱怨是正常的，年轻的时候太在乎工资只会失去更多的机会。要知道，你准备放弃的职位背后，有成千上万的人正虎视眈眈地窥视着。

骄傲的马雯想要的生活应该是这样：不过量入为出的生活，不会因为看到"清仓甩卖"就欣喜若狂地扑向商场特卖专柜，不会省掉和姐妹淘消磨时光的"下午茶"、披肩长发的沙龙修护以及带上单反相机周游世界的洒脱之旅，因为她希望有足够的收入保证自己过着殷实富足的生活。

金钱对于一个希望过得更好的女人来说，拥有致命吸引力。这股无法阻挡的吸引力让她成为欲望女神。不过，可喜的是，这个年轻的姑娘并没有选择用自己的姿色吸引多金土豪或是优质极品男，而是在百特杀出的一条血路上继续披荆斩棘，只有彰显着美丽与骄傲的高跟鞋寂寞地伴随她。

这是让刘苏出乎意料的，原来她们并不是同类。

对于马雯近期的消极怠工行为，刘苏终于怒了："不要一味地给公司提要求，我已经给你报了电话费和交通费，作为一个即将转正的员工，你还有什么不满足的？一些上班族会在工作后发现薪酬并没有自己想象中的那样丰厚，或者在跟朋友聊天中发现自己公司的福利远远不及他们。于是就开始磨洋工，开始讨厌自己的工作，开始迟到早退，你现在就是其中之一。对公司要求简单点，对自己要求严格点。事实上，也许你觉得自己才华横溢，聪明过人，就应该得到足够好的报酬。但是对于公司来说，你的才华只有能够帮助公司前进才是真正的有用。而等到你的能力足够到拿你想要的工资时，只要公司的决策者脑子没问题，一定会给你应得的！明白吗？"

马雯仗着刘苏对她的好感才鼓起勇气在转正时提出加薪的要求，没料到这个平日里温文尔雅的女上司也不好惹呢。

"在此之前，你要做的是好好地提升自己。你可以参加在职培训或者各种夜校，用尽一切方法去提升自己的工作能力以及业务知识。也许这不能短时间为你带来你想要的，但是，更加强大的自己才能为你赢得更多。"刘苏直言不讳。

但是这样的说教，似乎并没有起到作用。

Oscar也曾遇到不少吐槽工资太低的员工，他见刘苏一副苦恼的模样，给她支了招："第一，公司并不否定多劳多得、能者多劳的激励方式。但你要记住轻易满足员工，只能让他们更加贪婪。高薪不仅可以提升员工的生活质量，让他们产生幸福感，并且能够激发工作激情，从而在短时间内大大地提高团队的效率。这看起来好像是一个很好的互动和双赢过程，但这还远远不够。团队的文化和信仰，如果只能依靠金钱来搭建，就像没有打牢地基的大楼，楼层盖得越高，危险系数越大，早晚会轰然倒塌。你需要冷静地针对自己部门的实际情况，拿出让员工真正心悦诚服的切实举措。我建议你设计出你的团队中每个人都能接受的团队目标，与公司的利益完

美地融合在一起。当你要为自己的团队量身定制一种企业文化时，就必须尊重员工的不同个性、特点，以及他们在事业上最为热忱的追求。像马雯这样充满奇思妙想的创意天才，够聪明够机灵，你也许没有办法让她拜服在你威权的管理制度之下，应该给予下属最大的自由空间，采用灵活、宽松和高效的激励体系。"

角色不同了，刘苏需要的不是心灵鸡汤，而是切实有效的建议。她为Oscar端上一杯刚泡好的Espresso。

"谢谢，难得你升职了还记得给我冲咖啡。"Oscar接过咖啡杯。

"饮水思源嘛，如果没有您的'鼎力支持'和'威逼利诱'，即使有贵人相助举荐了我，我也没法在这个位置上待太久。领导其实比员工更难做。"刘苏望了望那张饱经风霜却依然活力充沛的面孔。

"其实也没那么难。你能清楚地了解团队成员的不同想法就好。对员工，很难做到知根知底。虽然他们在你面前都表现得很乖很忠诚，但没几个人会把自己的想法脱口说出。每个老板都能在下属那里听到毫无异议的遵守命令的回应，可事实经常是阳奉阴违。回答的声音很坚定，执行起来的效果就没那么乐观了。所以，你必须清楚知道你的员工究竟在想什么，而且可以精准地为他们调整有效的管理方案，这是构成团队凝聚力的基础。你会因此获得他们的尊重，并且收获他们最真诚的付出。"Oscar的回答举重若轻。

"除了这些呢？"刘苏追问道。

Oscar指向她心脏的位置："随时问问自己：'作为一名管理者，一个部门干部，我到底想要什么？'这个问题不仅让你学会从管理角度独立思考，对下属同样非常重要。一支团队需要一个基于共同文化和信念的目标，领导者同样有权利得到一个与团队利益相符的管理目标。身处在一个团队，每个人都应确信自己的期盼是合理的，并能够一同坚实地迈出步伐，通过合作的手段把它实现。"

"我希望女性在职场不那么被动和卑微，可以通过努力像男人一样去战斗。所以，在阿桂遭受不公平待遇时，我就好像是在和全世界作对，这样其实不好。可当坐了马丽的位置，我才真正明白为什么上司都那么不近人情，因为立场不一样。现在我想为下属争取福利，但我认为她目前的能力有限，我不想纵容一个实际水平并没有那么强的人。不论性别，我只认可工作态度和完成任务的结果。"刘苏干练地将额前的刘海整理到耳后，微笑着看向 Oscar，说道，"我知道该怎么做了，我会像人事部门申请一些专业培训，作为变相的福利。"

"你变了，变成了你应该成为的样子。去做！"Oscar 的口头禅就是"去做"，执行力比什么糖衣炮弹都有威慑力。

刘苏舒了一口气，心里的石头终于落下了。

★★★★★

★第 26 块方糖★

如果你的才华还撑不起你的狼子野心，就该老老实实继续练本事；如果你的能力还驾驭不了你的目标列车，就别错过每一次历练自己的机会。我们不可能强制一个人绝对服从团队的所有要求，假如这是他／她坚持的，那只能说明他／她不能融入你的团队。好的员工不可能通过拔苗助长的方式强制培养和训练出来。他／她需要和团队相濡以沫，自身的特点才能够恰如其分地融入其中，并能为这个团队奉献自我。换句话说，对于员工，我们要用合理的前途与回报进行循序渐进的引导，而不是随便画一个大饼、做一份计划，就强制他们去实现。这是建设和管理一支优秀团队的普遍性原则。

第 27 杯

别在灰色地带徘徊

风把云吹散了，一个不知名的小酒吧门口，斜插进一片阳光。刘苏不由驻足，竖起耳朵，是《哭沙》的前奏。人声渐起，歪调子，糙嗓子，音色犹如锯木。从大白天开着炫目灯光不怕浪费这一点上，她断定，这人一定不是老板。兴许是个柔情似水的木匠，借地怡情罢了。暮色降临，这里将会一改门可罗雀的面貌，迎来送往，打情骂俏，叫你知道什么才是"白天不懂夜的黑"。

刚刚上任的刘经理显然就如同这个怡情的木匠，手艺不丑，可让她当起偌大个集团里的小小九品芝麻官，就像把她丢进灯红酒绿的昏暗里。

每天，她都得坐着夺命班车穿越这座城市，从不属于她的那个"家"到令她毫无存在感的公司。

到了办公室，Oscar 正在她的办公室等她。

行政部送过来一部咖啡机，算是给新晋经理的嘉奖。舶来品，满眼的洋文，用不顺手。端详了好一阵子，淙淙的水声才从细细的管道里滴落进闪着月光白的咖啡杯里。刘苏转过身，目光落到 Oscar 身上。

他已等候多时。

"喝喝看，Kid 从日本带回来的咖啡豆。"刘苏把杯子递过去。

"你总是爱尝新。香气够，只是新机器煮出来的咖啡，味道不那么纯正。"Oscar这是话里有话。

刘苏正要说话，电话铃突然响起。

"喂……"没等她问对方是谁，那边已经呛起来。

"我说你们公司是怎么回事，我给你们供货可不是白供的，要是再拖下去，等法院传票吧！另外，3日之内，我看不到货款到账，你们也别想在业内得到其他资源，我保证你们能快乐地背着书包回家去！"那个猪油渣似的焦糊嗓音来自一家垄断行业的供应商，没有给刘苏任何反击的余地，"砰"地挂上了电话。

刘苏在"嘟嘟"声中发愣。

预算做得再好，也抵不过变化，不按常理出牌的人很多。比如付钱比谁都爽快的那只采购部海龟，比如花钱依然入海流的Sam，比如整天嚷嚷"材料不够要停产了"的"黄世仁"。看来得想法子让流动资金再宽裕些。

"被人催债了？"Oscar笑笑说道，"人生本来就是不公平的，习惯去接受它吧。你不会一毕业就嫁入豪门，也不会一入世就成为CEO，一切都必须靠努力赚来。中国有个女演员，好像叫范冰冰，我很喜欢。她说，经得起多大的诋毁就能受得起多好的赞美，好像是这么说的。"Oscar一向对美女情有独钟，没料到他喜欢范爷这一型。

"这世道，人人都缺钱。我一小小的财务经理，沦落到天天被人逼债，何德何能。"刘苏叹息。

"哈哈，你的意思，他们应该来问我要钱？"Oscar大笑。

"老板，该想想办法了。"

"你是我的军师，听你的。"Oscar又把问题丢过来。

"好吧，我建议从合理避税入手。"刘苏没有过多接触税务这一领域，但多年的功底还是让她清晰地知道重要的利润空间在哪里。

"继续。"Oscar倚在沙发上，做出倾听状。

"避税一般分两种——正当避税和非法避税。您要听哪种？"刘苏不忘逗趣。

"等等，我可不想扔下老婆孩子热炕头去坐牢！"Oscar 几乎是从沙发上弹跳起来。这和他平时里努力塑造的型男形象极不相符，看起来有些滑稽。

"呵呵，明白！我挑重点说。正当避税就是利用税收优惠政策，找出现有税法的漏洞，进行合理的税务筹划。税少了，可支配的现金就多了，您就没有债务压力了。从法律角度上说，'避税'其实是个中性词。在法律允许的范围内，纳税人对公司管理制度做一些调整，尽量少缴税，这就是所谓的'节税'或者'税务筹划'。不过，这个范围是很难把握的。一旦介入合法避税和偷税之间的灰色地带，就会比较危险，我们必须谨慎对待。我可不想年纪轻轻的，就陪您这个老头子蹲监狱。"玩笑归玩笑，刘苏相信，Oscar 不是个藐视法律的无良商人。

"为了不和我同归于尽，尽快给我详细方案！"Oscar 放下杯子，大摇大摆走出了财务经理办公室。

自从刘苏接任财务经理，Oscar 越发像个甩手掌柜。以前还埋怨学校里的老师太严厉，现在想想，比起杀人不见血的老板，老师就是头顶光环的圣母啊。哈里路亚……

去找 Kid 帮忙！

Kid 果然是她的守护神，问题一出口，对方已经给了她大大的安慰。

"别着急，我在总部的时候也接触过财务部门为了节税做出的一系列筹划。合理避税不仅仅是你们一个部门的事情，其实和销售、采购、人事等统统有关。就我们部门而言，你可以尝试我的这些建议。比如，我们可以提高职工福利水平。我们给外地员工提供住所，这是个人所得税合理避税的有效办法。还可以给员工提供假期旅游津贴、饭贴、购买保险公司的理财险、以实物形式给员工发放节假日福利、提供医疗福利、为员工子女提供教育基金及奖学金、多缴公积金等。表面看起来，公司的确多花了钱，但这些费用都是可以抵税的，还能带动员工积极性，何乐而不为？这个好人就让你当吧，公司上上下下都会感激你的！"Kid看着她，像是看一个迷了路找不着妈的小姑娘。

刘苏大力拍了他的肩膀，兴奋地叫起来："你简直是玉皇大帝派来的天兵天将！"

"另外，Oscar、'黄世仁'、Sam这样的高管，你可以将他们的部分工资计入工资单，其余部分以发票报销的形式发放。我虽然不太懂会计，但是这种资金转移、费用转移、成本转移、利润转移的方法可以达到避税的效果。更重要的是，这种行为是合法的。"

"爱死你了！"刘苏激动地给他一个大大的拥抱。

Kid也笑起来。

虽然她说的不是"我爱你"，可他依然很开心。

★ ★ ★ ★

★第27块方糖★

合法避税是指在尊重税法、依法纳税的前提下，纳税人采取适当的手段对纳税义务进行规避，以减轻赋税。纳税人开展避税活动，绝不能把避税变成偷税或漏税。只有避免这种情况的发生，才能实现成功的合法纳税。

合法避税不仅仅是财务部门的事，还需要市场、商务等各个部门的合作，从合同签订、款项收付等各个方面入手。合法避税的方法主要有以下几种：

1. 可将企业注册到境外或保税区

凡是在境外、经济特区、沿海经济开发区、经济特区和经济

技术开发区所在城市的老市区以及国家认定的高新技术产业区、保税区设立的生产、经营、服务型企业和从事高新技术开发的企业，都可享受较大程度的税收优惠。中小企业在选择投资地点时，可以有目的地选择以上特定区域从事投资和生产经营，从而享有更多的税收优惠。

2. 推迟收入确认时间

企业应当根据自己的实际情况，尽可能地延迟收入确认时间。例如某汽车销售公司，当月卖掉200台汽车，收入4,000万元左右，按17%的销项税，要交600多万元的税款，但该企业马上将下月进货税票提至本月抵扣。由于货币的时间价值，延迟纳税会给企业带来意想不到的节税效果。

3. 在管理费用上下工夫

企业可提高坏账准备的提取比率，坏账准备金是要进管理费用的，这样就减少了当年的利润，从而少交所得税。企业可以尽量缩短折旧年限，这样折旧金额增加，利润减少，所得税少交。另外，采用的折旧方法不同，计提的折旧额相差很大，最终也会影响到所得税额。

2014年9月24日，国务院颁布了一项有关固定资产加速折旧的政策。这样可以促进企业技术改造，加大力度推进企业技术改造，减轻税负，加快企业设备更新和科技研发创新，扩大制造业投资，促进大众创业，支持中小企业创业创新的措施。

(1) 对所有行业企业2014年1月1日后新购进用于研发的仪器、设备，单位价值不超过100万元的，允许一次性计入当期成本费用在税前扣除；超过100万元的，可按60%比例缩短折旧年限，或采取双倍余额递减等方法加速折旧。

(2) 对所有行业企业持有的单位价值不超过 5,000 元的固定资产，允许一次性计入当期成本费用在税前扣除。

(3) 对生物药品制造业，专用设备制造业，铁路、船舶、航空航天和其他运输设备制造业，计算机、通信和其他电子设备制造业，仪器仪表制造业，信息传输、软件和信息技术服务业等行业企业 2014 年 1 月 1 日后新购进的固定资产，允许按规定年限的 60% 缩短折旧年限，或采取双倍余额递减等加速折旧方法，促进扩大高技术产品进口。根据实施情况，适时扩大政策适用的行业范围。

4. 特殊行业享受特殊政策

一些特殊行业免缴营业税，如托儿所、幼儿园、养老院、残疾人福利机构、婚姻介绍、殡葬服务、医院、诊所、安置四残人员占企业生产人员 35% 以上的民政福利企业等。

5. 合理提高职工福利

中小企业私营业主在生产经营过程中，除了可以考虑如何对经营中所耗水、电、燃料费等进行分摊，或将家人生活费用、交通费用及各类杂支巧妙列入产品成本之外，还可以在不超过计税工资的范畴内适当提高员工工资，为员工办理医疗保险，建立职工养老基金、失业保险基金和职工教育基金等统筹基金，进行企业财产保险和运输保险等等。这些费用可以在成本中列支，同时也能够帮助私营业主调动员工积极性，减少税负，降低经营风险和福利负担。

第28杯

选择

午后，刘苏静静地待在办公室喝完一杯咖啡，依然是她的最爱——拿铁。她记得有一回去"简单生活"对魏澜说"我要一杯Latte"时，那个黑马王子用狐疑的眼神看着她，随即眉开眼笑地递上一杯鲜奶。刘苏大骂他是奸商。魏澜解释说，如果你在意大利，咖啡馆店员一定会这么做。因为法语单词lait与意大利语单词latte同义，都是指牛奶。Caffè Latte，就是所谓加了牛奶的咖啡，通常直接音译为"拿铁"。

这个小而美好的片段让她轻轻笑出声来。在你心里深刻到骨髓的可能只是别人眼中的平凡点滴，爱是从喜欢开始的，刘姑娘至少无须再做恼人的选择。"愿得一人心，白首不分离"的誓言虽然不适合他们，但她更喜欢细水长流的感情，就这样长长久久。

和Kid开会商量培训申请，Kid送她回家。一路上两人沉默不语。

终于，Kid打破了沉寂的氛围："这可能是我最后一次送你回家。"

刘苏愕然："为什么？"

Kid看着她："总部派我回去，我下周就要离开这里。你呢？有什么打算？"

"我想留下，和我的姐妹们共同战斗。"刘苏比从前更坚定，不管她是否适合这个行业，她喜欢这份能给她带来成就感的工作。

"还有呢？"Kid 问道。

"没有啦。"刘苏知道他问的是什么，却不知道该怎么说。

"请你替我转告那个从我手里把你抢走的人，你是个好姑娘，如果他不好好对你，我会回来打烂他的牙，然后把你从他身边抢走！"Kid 神情严肃，没半点开玩笑的意思。

刘苏心存感激地抱了抱他，不是每个男人都会这样祝福自己曾经心仪的对象。

"不论你在哪儿，记得曾经有个人默默关注你就好。这是我在云南旅行时买的，送给你做个纪念吧。"

这是枚由三只猴面组成的挂件。三只猴子呈半蹲姿势，模样憨态可掬：第一只用手捂着耳朵，第二只用手捂住嘴巴，第三只用手蒙着眼睛，淋漓尽致地表现出谨慎善为、与世无争的处世性格。

"三只猴子代表的是：不看，不听，不说。据说是缘自佛家典故，表现了佛教超然处世的思想境界，大概的意思就是'非礼勿视，非礼勿言，非礼勿听'。祝你好运，我一辈子的好朋友！"Kid 潇洒道别。

"没什么好送你的，这个留给你吧！少抽烟，对身体不好！"刘苏从包里取出一个可爱的小东西。那是她在公司内刊发表文章的奖品——一只可爱的烟灰缸。

交换完礼物，等到那个背影渐渐远去，她才想起 Kid 并不抽烟。人只有在关心别人的时候才会忘了自己，Kid 临走也不忘鼓励她，而自己显然不够了解他。

原来，她早已错过了这个好男人。

Kid 走后，兔子申请到了国外留学的机会。

刘苏的 27 岁生日，第一次觉得那么孤单。

魏澜默默地陪伴左右，等她下了班一起吃烤串、喝啤酒，一路狂奔。

刘苏停在暗淡的灯光下喘息，凝望着魏澜，突然问："我们结婚吧？"

"好。"魏澜的眼角带着笑意。

爱情，不是谁先说就输了。爱，要大声说出口。

选择，好像也不是那么难的事。扪心自问，你想要的是什么？怎样的你最开心、最自信？

从现在起，做那个最好的自己。

这一次，她没有再纠结，内心的声音告诉她：她是对的。

人生路上，我们总在不停地选择和被选择。

★★★★★

★第28块方糖★

当你面对选择时如果总是无法正常做出满意的选择，导致对于选择产生了某种程度上的恐惧症，恭喜你，你染上了选择困难症！假如你不能确定自己内心最重要的需求，无法获得心理平衡，害怕承担抉择的后果，并且选择逃避，那只会让自己变得更糟。世界上每一件事情都有两面，没有完全正确与完全错误的选择，主要是看你怎样去看待。面对艰难的选择，其实不需要考虑太多，首先要弄明白自己为何害怕选择，是因为害怕承担责任，还是因为自己拒绝成长，或者说这是一种习惯性的依赖。了解自己，改变自己，选择还会那么难吗？

大多数人的生活永远在做加法，一边行走一边加重肩上的负荷，积累了很多有用的与无用的能量。当你累了、倦了，想要放下时，才发现自己早已变成温水里的青蛙，无力再动弹。不让自己背负太多东西，并且一直给自己做减法，懂得取舍与平衡，才能越飞越高。我相信，在这条路上，我们都会越走越远。